Descubriendo la Democracia

Toni Miranda

2020

DESCUBRIENDO LA DEMOCRACIA

Autor: Toni Miranda
© 2020 Toni Miranda
ISBN – 9781656026002
DEPÓSITO LEGAL: B 2465-2020
Diseño de la cubierta: Toni Miranda
Ilustraciones: Toni Miranda

Introducción

La Democracia es la forma de organizar sociedades libres, es el camino para convivir en Libertad. Pero no puede existir una Democracia sin demócratas. Y los demócratas no surgen debajo de las piedras. La educación es el camino para dotar a la sociedad de demócratas y para construir una sociedad libre.

Los sistemas educativos suelen ser muy permeables al adoctrinamiento, y en cambio, parece que, como sociedad, nos cuesta educar en el respeto y en los principios básicos de convivencia.

Necesitamos explicar en qué consiste sin caer en ideologías, ni tratando de adoctrinar a los mas jóvenes en modelos políticos.

Este libro pretende explicar por qué es la única forma de gobierno que garantiza la libertad de sus ciudadanos. También intenta mostrar que es mucho más que un sistema donde se hacen elecciones.

Las sentencias del libro no son verdades inmutables, sino propuestas de reflexión.

Toni Miranda

CAPÍTULO

I

CAPÍTULO 1
LA DEMOCRACIA Y LA LIBERTAD

1. La Libertad es el Derecho Fundamental.
2. Personas libres y sociedades libres.
3. Donde no hay Democracia, hay tiranía.
4. La Democracia no es una ideología.
5. El Gobierno de las Personas Libres.
6. Personas, sin distinción.
7. Organización social y cuotas de libertad.
8. La Libertad implica Responsabilidad.
9. El respeto es la esencia de la convivencia.
10. El Diálogo permite gestionar con Respeto.
11. Los Valores de la Democracia.
12. Matemáticas de la Democracia.
13. El Acuerdo es el Cemento de la Democracia.

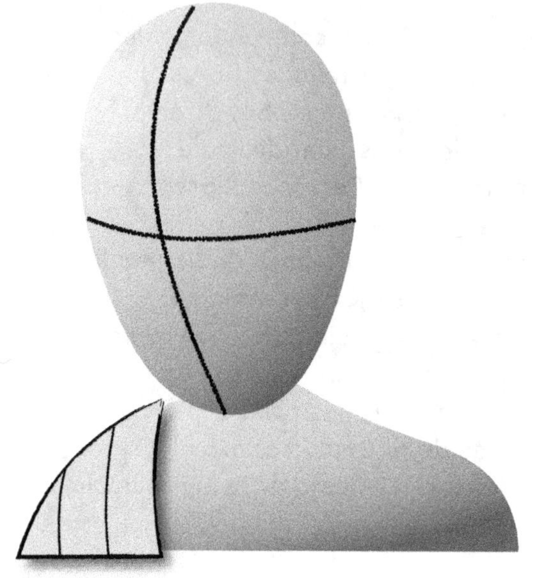

LA DEMOCRACIA Y LA LIBERTAD

La Libertad es el Derecho Fundamental

La Declaración de los Derechos del Hombre y del Ciudadano de 1789, en su articulo primero, dice:

"Los hombres nacen y permanecen libres e iguales en derechos".

Mas tarde, la Declaración Universal de Derechos Humanos de 1948, prácticamente calca las mismas palabras:

"Todos los seres humanos nacen libres e iguales en dignidad y derechos".

La Libertad es el Derecho Fundamental por excelencia. Todos los demás derechos son extensiones del derecho a ser libres. Incluso el derecho a la vida y la seguridad son en realidad extensiones de la libertad. No se puede atentar contra la vida o la seguridad sin traspasar primero el derecho a ser libre. Si respetas la voluntad de un hombre libre, no vas a poder matarlo ni hacerle ningún daño, porque no lo va a aceptar. La Libertad es mas que un Derecho Fundamental, **es el Derecho Fundamental.**

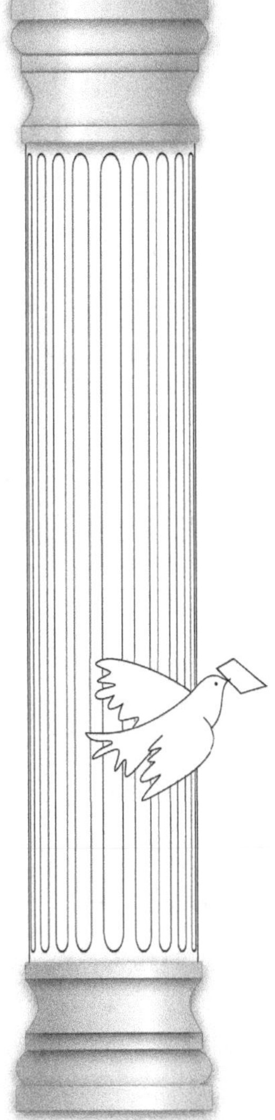

Personas Libres y Sociedades Libres

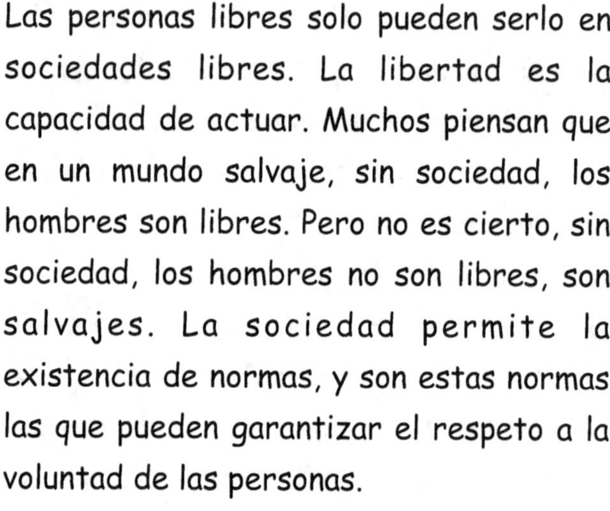

Las personas libres solo pueden serlo en sociedades libres. La libertad es la capacidad de actuar. Muchos piensan que en un mundo salvaje, sin sociedad, los hombres son libres. Pero no es cierto, sin sociedad, los hombres no son libres, son salvajes. La sociedad permite la existencia de normas, y son estas normas las que pueden garantizar el respeto a la voluntad de las personas.

Una persona es libre cuando vive en una sociedad libre.

Una sociedad es libre cuando sus normas garantizan el respeto a la voluntad de todos sus miembros.

En las sociedades libres todas las voluntades pueden ser expresadas libremente, y las decisiones son tomadas siguiendo normas que han sido libremente aceptadas por todos los miembros de la sociedad.

A esta forma de gobierno la llamamos Democracia.

Donde no hay Democracia, hay tiranía

La Democracia es la forma de gobierno en las sociedades libres.

La definimos como el modelo de sociedad que se organiza para que todos sus miembros puedan disfrutar del mayor grado de libertad posible.

Su esencia es el respeto a la voluntad de todos y cada uno de los miembros de la sociedad.

Solo la Democracia garantiza la existencia de una sociedad libre. Cuando una sociedad está privada de ella, sus miembros carecen de libertad, y la forma de gobierno es la tiranía.

Entre la Democracia y la Tiranía existen grados, dependiendo del nivel de libertad del que gozan los individuos que integran la sociedad.

Las Partidocracias se encuentran en ese terreno intermedio.

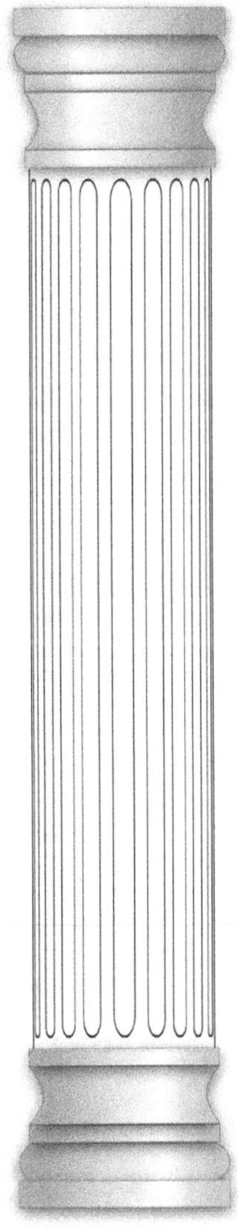

La Democracia no es una ideología

La Democracia es una estructura, un modelo de organización social.

No persigue la transformación de la sociedad, ni intenta alcanzar otra meta mas allá de garantizar que los miembros que la componen puedan disfrutar del máximo grado de libertad.

En una sociedad democrática, cada miembro tiene sus propias ideas, que puede expresar con total libertad.

Las personas se pueden agrupar con afines a sus ideas, y crear grupos, sumando voluntades.

Es un terreno de juego donde todas las ideas se pueden manifestar. Como sistema, carece de ideología.

Funciona bajo una serie de valores que son consecuencia del objetivo de garantizar la libertad de sus miembros. Hablamos de valores como responsabilidad y respeto.

El Gobierno de las Personas Libres

La lucha por la Libertad es el motor que está construyendo la Democracia en el mundo.

Se persigue el respeto a todas las personas, sin excepciones.

Una de las claves para asegurar que la voluntad de los miembros es respetada, es evitar que una voluntad concreta de un miembro o grupo pueda imponerse a los demás. El diálogo y la negociación son la vía de toma de decisiones en una Democracia, en oposición a la imposición de voluntades, propias de las Tiranías.

Las estructuras no democráticas son jerárquicas, piramidales, con la existencia de líderes que concentran un grado muy importante de poder.

La Democracia se construye en redes, con una estructura de poder muy distribuida, evitando la existencia de lideres y concentraciones de poder.

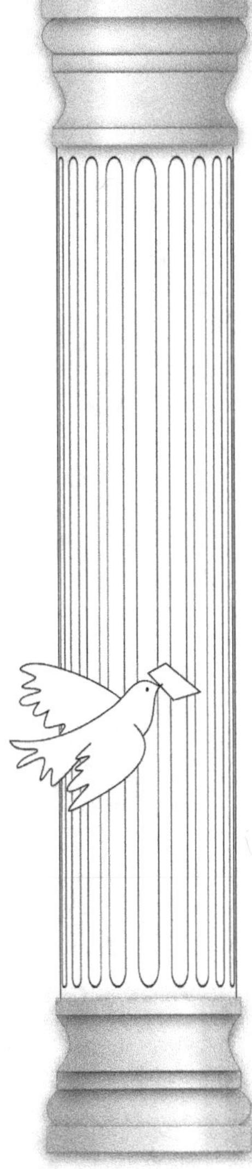

Personas, sin distinción

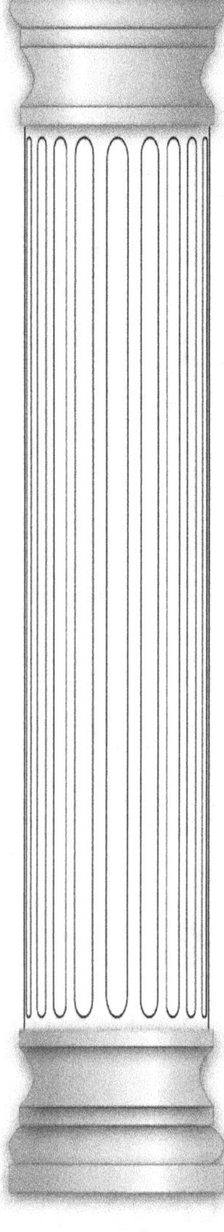

En Democracia hablamos de **personas**. No distinguimos entre hombres y mujeres, adultos o niños, religiosos o ateos, con una ideología u otra.

Las personas libres lo son sin distinción. Esto significa que en una Democracia, cada una de las personas que integran la sociedad es una persona libre, cuya libertad debe ser respetada.

Al mismo tiempo, una sociedad democrática exige el mismo respeto a todos y cada uno de sus miembros.

En 1948, en la Declaración Universal de Derechos Humanos lo expresaron de la siguiente manera:

"Toda persona tiene todos los derechos y libertades proclamados en esta Declaración, sin distinción alguna de raza, color, sexo, idioma, religión, opinión política o de cualquier otra índole, origen nacional o social, posición económica, nacimiento o cualquier otra condición"

Organización Social y Cuotas de Libertad

Los seres humanos nos organizamos en sociedades. Lo hacemos para mejorar nuestras posibilidades de supervivencia, conseguir un mejor acceso a los recursos y desarrollarnos como especie.

La Libertad no es un invento ni una convención, es una característica humana, forma parte de nuestro ADN.

La Libertad es la capacidad de actuar, y cuando un individuo tiene la libertad disminuida, sus posibilidades de supervivencia se ven reducidas.

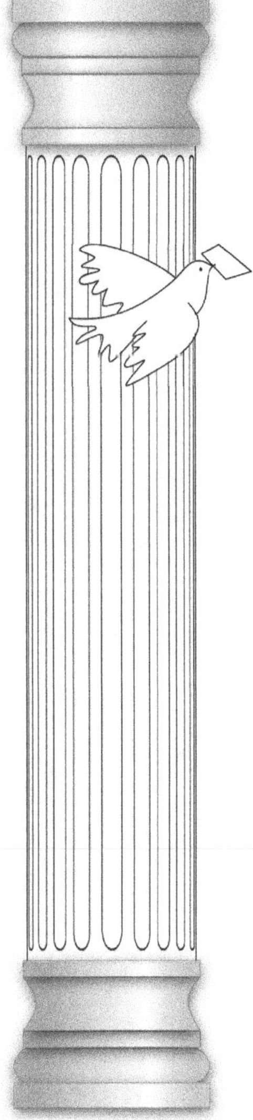

Por ello, al vivir en sociedades, los humanos esperamos incrementar nuestras cuotas de libertad. Mediante la protección del grupo, la colaboración para la obtención de los recursos y la especialización para potenciar capacidades.

Toda sociedad que no aumenta la cuota de libertad de sus miembros no es Democracia, sino una forma de Tiranía.

La Libertad implica Responsabilidad

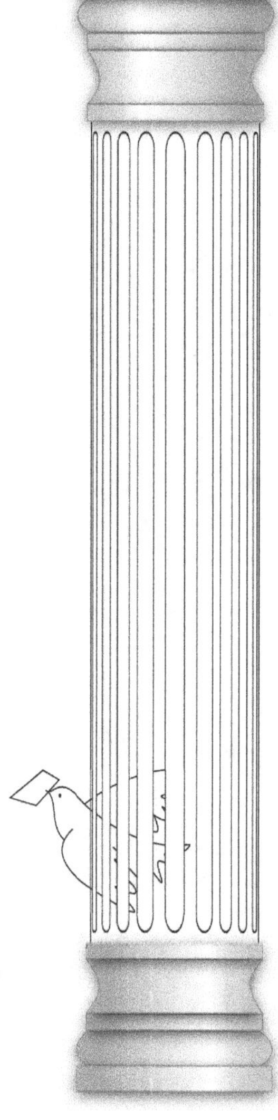

No existe Libertad sin Responsabilidad. Podemos pensar que la exigencia de responsabilidad implica una disminución de la libertad. Pero nada está mas lejos de la realidad, ya que para ampliar la libertad de las personas que viven en sociedad es necesario que todos deban responder de sus actos.

Sin responsabilidad, el incentivo para obtener beneficios de la sociedad sin respetar a los demás es demasiado grande. Sin responsabilidad, el respeto carece de sentido como estrategia ganadora y resulta mas efectiva la búsqueda del interés propio, por encima de los derechos de los demás. No hay limitación sin responsabilidad, y sin limitación no existe respeto. No es el Estado quien exige la responsabilidad. La exige la sociedad, como conjunto de miembros que la componen.

La libertad responsable afecta a todas las personas, sin distinción.

El Respeto es la Esencia de la Convivencia

El Respeto no es una exigencia del Estado. Es una exigencia de cada uno de los individuos de la sociedad.

No surge por la Ley, aunque las normas la regulan.

La exigencia de responsabilidad surge del acuerdo de convivencia. Para que cada persona sea respetada, es necesario que cada persona respete a las demás.

Es imposible construir una Democracia sin respeto. Y esto implica un grado muy elevado de educación. Educación en el respeto.

La Democracia no se consigue en una sociedad porque un pequeño grupo dicte una norma para regularla. Solo cuando la sociedad ha aprendido el significado del respeto está preparada para construirla.

El Respeto es la inhibición de nuestros actos cuando implican una disminución de la libertad de otras personas.

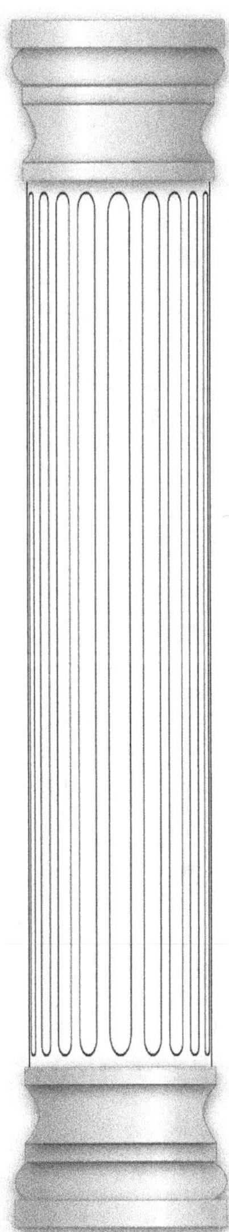

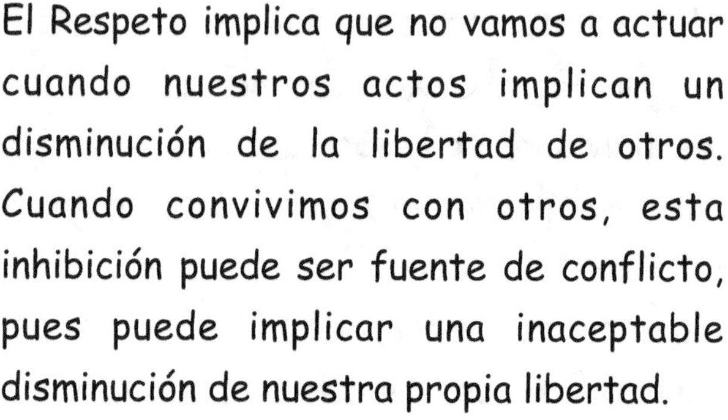

El Dialogo permite gestionar con Respeto

El Respeto implica que no vamos a actuar cuando nuestros actos implican un disminución de la libertad de otros. Cuando convivimos con otros, esta inhibición puede ser fuente de conflicto, pues puede implicar una inaceptable disminución de nuestra propia libertad.

Toda convivencia implica conflicto de intereses, y voluntades enfrentadas.

Necesitamos un canal para gestionar una convivencia basada en el respeto. Ese canal es el dialogo. Es importante entender las voluntades ajenas y dar a entender las nuestras.

El dialogo permite la comunicación de voluntades e intereses, y sienta las bases para encontrar soluciones de compromiso.

Porque en eso consiste la convivencia, en saber encontrar las soluciones a los conflictos de una forma eficaz y respetuosa.

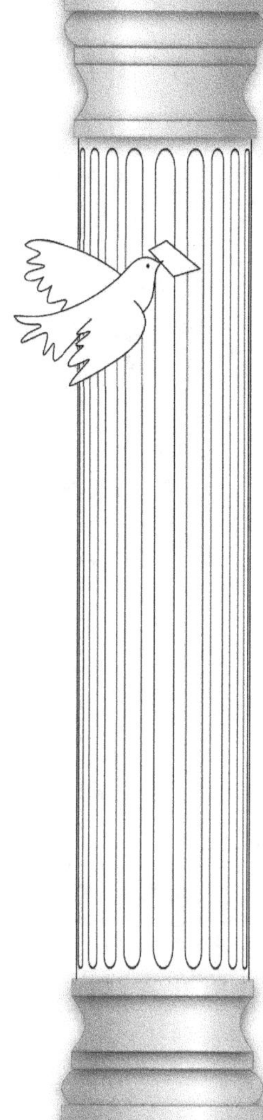

Los Valores de la Democracia

Gestionar la convivencia en Democracia implica la aceptación de una serie de valores, sin los cuales dicha convivencia es sencillamente imposible.

El Respeto es el valor fundamental. El ladrillo con el que la construimos. Sin respeto no hay Democracia.

La Responsabilidad es inherente a la Libertad. Toda persona libre es responsable de sus actos ante la sociedad.

El Diálogo es el mecanismo para gestionar los conflictos.

La Convivencia como valor implica una decisión colectiva de sumar renuncias para crecer en Libertad.

La Colaboración implica el deseo de ser miembro de la sociedad y participar en su construcción, para garantizar la convivencia en Libertad.

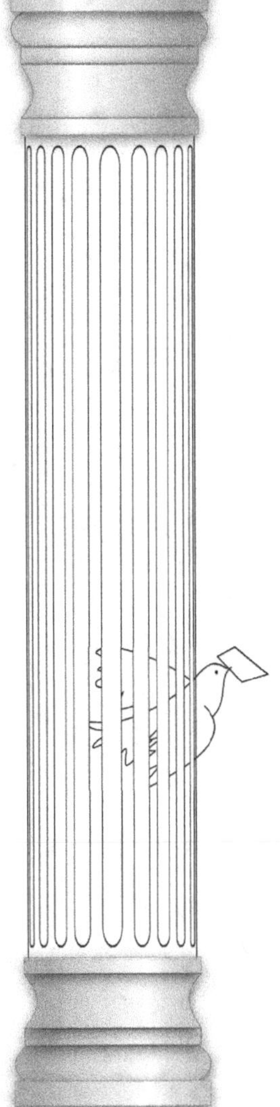

Matemáticas de la Democracia

La Democracia, como todo sistema, puede ser medida.

¿Que debemos medir en una Democracia?: el <u>grado de libertad</u> de los individuos.

La hemos definido como el sistema de gobierno que proporciona el mas alto grado de libertad a las personas.

Medir el grado de Libertad es un requisito.

Hay dos sumas a tener en consideración.

Una es la suma de las voluntades que son tenidas en cuenta. En una Democracia, esta suma es igual al numero de personas que componen la sociedad. (Con algún matiz).

La segunda suma es la del número de personas que soportan cada acuerdo.

En una Democracia, esta suma debe tener el valor mas alto posible. En consecuencia, debe ser la suma de la mayoría.

El Acuerdo es el Cemento de la Democracia

El Respeto nos obliga a resolver conflictos con el diálogo.

Debemos fijar las soluciones adoptadas de un modo que sean aceptadas por todos. El acuerdo consiste en la aceptación de la sociedad de las decisiones adoptadas.

La fórmula que rige para que un acuerdo sea válido es la de la mayoría.

Esto significa que, en Democracia, es requisito para validar acuerdos, que hayan sido previamente aceptados por la mayoría de los miembros de la sociedad.

La convivencia se construye con acuerdos. Y estos acuerdos deben estar basados en el respeto. Los acuerdos son el punto de unión en la sociedad. Cuando el acuerdo afecta a todos los miembros de la sociedad, estamos hablando de una Ley.

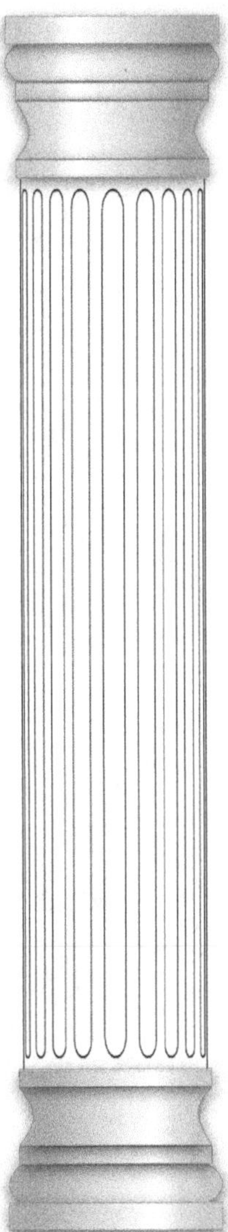

CAPÍTULO

II

CAPÍTULO II
ORGANIZANDO LA DEMOCRACIA

14. Espacio de defensa.
15. La Solución de Conflictos y la Regla de la Mayoría.
16. La Representación en las Democracias.
17. Democracia es mucho mas que votar.
18. Otras formas válidas de seleccionar representantes.
19. Formas no válidas de selección de representantes.
20. Si es piramidal, no es una Democracia.
21. Los demócratas no necesitan seguir a un líder.
22. El Estado no es un requisito de la Democracia.
23. La Democracia se construye con redes.
24. El mejor modelo, un cerebro.
25. La Democracia es la forma mas eficiente y fuerte de gobierno.

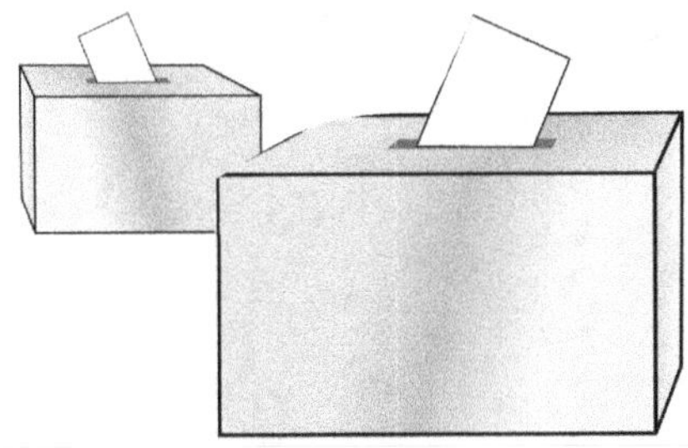

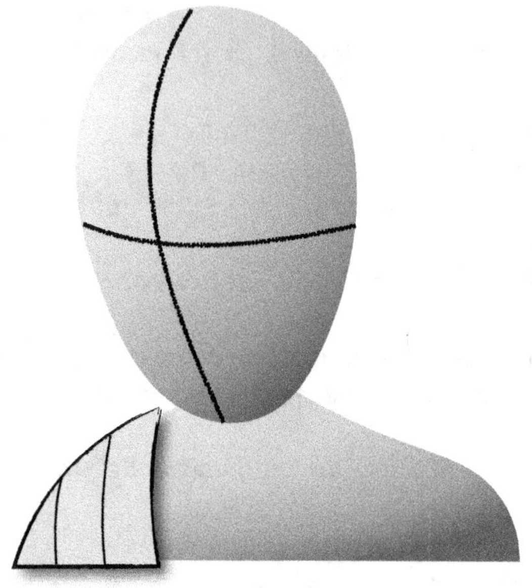

ORGANIZANDO LA DEMOCRACIA

Espacio de defensa

El totalitarismo es la forma normal de organizar sociedades a lo largo de la historia. Es el poder de la fuerza, de la imposición, del orden y mando, de la represión y el miedo, de la ausencia de libertad.

Recientemente, en términos históricos, las sociedades se organizan con un grado mayor de libertad, bajo un sistema de partidos.

Son partidocracias, que se autodenominan Democracias, sin serlo.

Vivimos en el camino, pero lejos, de organizarnos como Democracias. Y no hay garantías de llegar al final del camino. La partidocracia tiene tendencia a derivar en un régimen totalitario.

Las Democracias son espacios de libertad, y espacios de defensa frente a la arbitrariedad y brutalidad totalitaria. La protección del individuo frente a la ley del mas fuerte es el origen de la libertad. Solo la Democracia proporciona libertad.

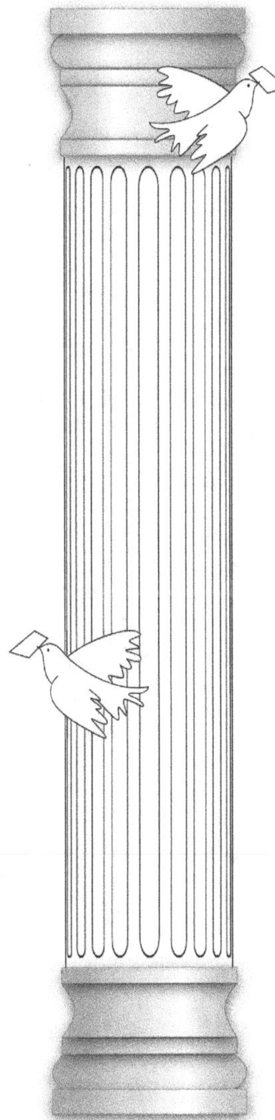

La Solución de Conflictos y la Regla de la Mayoría

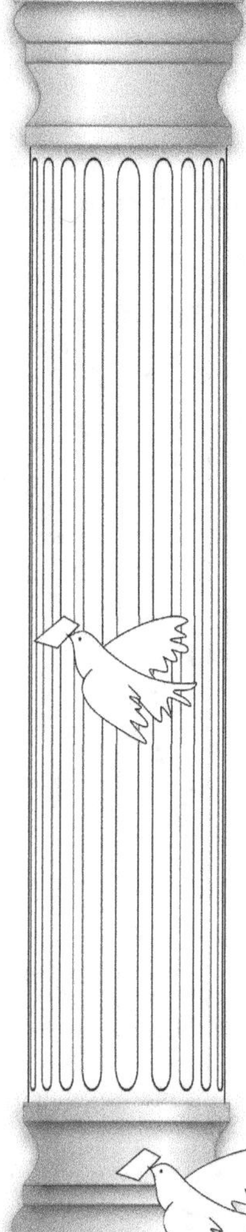

Las sociedades necesitan tomar decisiones y regular su funcionamiento.

Si todo el mundo pensara de la misma forma, seria sencillo tomar decisiones, ya que todos decidirían lo mismo.

Pero lo cierto es que las personas tienen opiniones distintas, y muchas veces encontradas. Los intereses, deseos, ideas y voluntades contrapuestas son fuente de conflictos y discrepancias, que deben ser resueltas por el sistema con fórmulas que impliquen respetar al máximo la libertad y voluntad de cada uno.

La Regla de la Mayoría es la fórmula adoptada. Tiene a su favor su simplicidad. Votar leyes o toma de decisiones y adoptar la opción respaldada por el mayor número de votos a favor, es una regla que ha sido comúnmente aceptada.

Hay otras opciones, pero la Regla de la Mayoría es la que está establecida.

La Representación en las Democracias

Los representantes son la primera figura que asociamos a la Democracia. Pero la existencia de representantes no es un requisito necesario o al menos no lo es en una Democracia avanzada.

Hay personas muy interesadas en que creas que los representantes son absolutamente necesarios, y que la Democracia no puede funcionar sin representación. Esas personas son los políticos. Si la representación deja de ser un requisito, todos ellos se quedan sin empleo. Por lo que tienen un incentivo muy poderoso para hacerte creer que los necesitas.

La buena noticia es que un sistema democrático puede funcionar sin políticos. La mala es que falta mucho trabajo que realizar para que esto suceda.

Una Democracia avanzada no necesita políticos, aunque sí necesita especialistas.

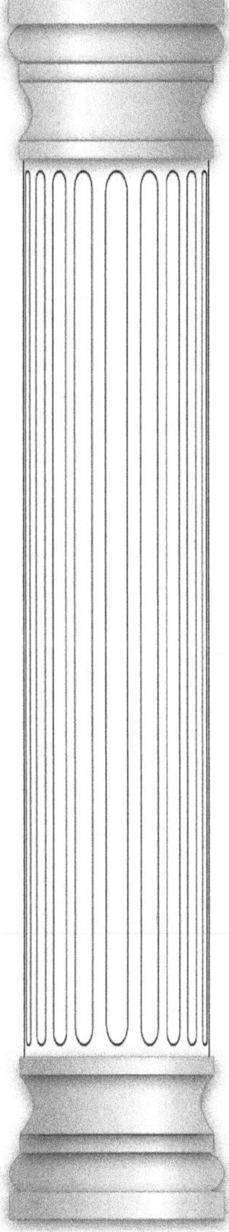

Democracia es mucho mas que votar

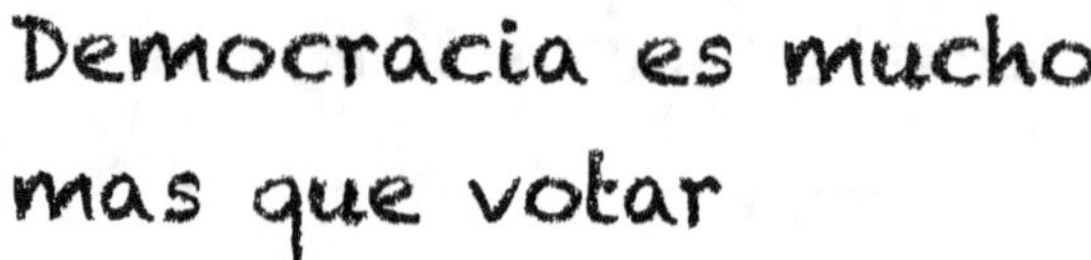

Tenemos la idea de que una Democracia es un sistema donde las personas votan a sus representantes. Pero no lo es. Es un sistema de organización por el que las personas que componen una sociedad gozan del máximo grado de libertad.

La Democracia esta ligada a la Libertad, no a un voto en un papel.

El sistema de elección de representantes surgió en un momento histórico muy concreto, donde las limitaciones de la tecnología potenciaron la representación como una fórmula sencilla de tomar decisiones.

Todos los sistemas tienden a crecer y perpetuarse, y así ha sucedido con el sistema de representación.

Hoy día, nadie piensa que una Democracia pueda funcionar de otro modo. Pero lo cierto es que se puede. Lo esencial es la división del poder.

Oposición y sorteo son formas válidas de elegir cargos públicos.

Otras formas válidas de seleccionar representantes

Elegir representantes por votación es un medio válido cuando existe un contrato entre el representante y el representado, y donde el representado siempre puede cancelar el acuerdo si el representante no cumple su parte.

Buscamos representantes para elaborar leyes y gestionar los recursos públicos.

Pero también podríamos seleccionar a los mejores por oposición. Una meritocracia sin duda daría mejores resultados que las votaciones de candidatos.

Otro sistema perfectamente válido sería elegir representantes mediante sorteo. Este sistema tendría la ventaja de proporcionar representantes que reflejarían la diversidad existente en la sociedad.

Votar es solo una forma de organizarse en Democracia.

Formas no válidas de selección de representantes

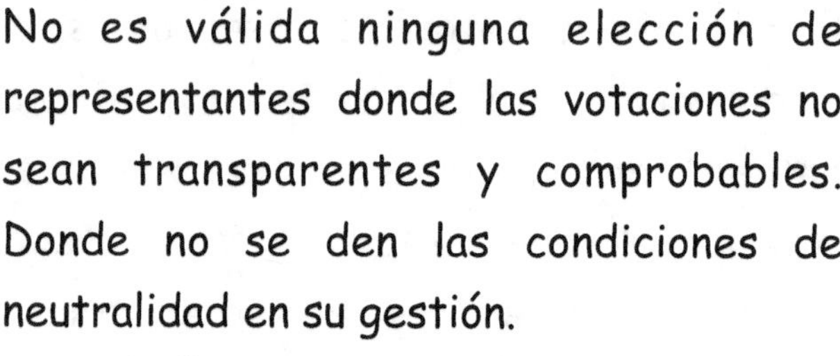

No es válida ninguna elección de representantes donde las votaciones no sean transparentes y comprobables. Donde no se den las condiciones de neutralidad en su gestión.

No es válida una votación en la que haya habido manipulación indebida de los votos. Donde se hayan puesto limitaciones injustas a la capacidad de optar a la representación. Donde se filtren los representantes por criterios de una minoría.

No es válida la elección de representantes en ningún régimen donde no exista la libertad. Donde haya establecida una tiranía. Donde se persigan a los opositores. Donde se restrinja la libertad de expresión.

No es válida la selección de representantes cuando el gobierno someta a la sociedad a represión.

Si es piramidal, no es una Democracia

Las sociedades se organizan de forma jerárquica. Formando pirámides de poder, donde la cúpula dirige y controla a la sociedad. Este sistema es el que rige en todas las tiranías. Su objetivo es:

(1) facilitar la transmisión de órdenes desde la cúpula a la base.

(2) controlar la pirámide con el mínimo esfuerzo.

(3) garantizar los flujos de recursos desde la base a la cúpula de la pirámide.

La cúpula centraliza todo el poder.

El sistema jerárquico piramidal no tiene nada que ver con las Democracias.

Una Democracia se organiza en forma de red. Hay especialistas en los nodos y el poder está diluido. Los nodos se comunican en igualdad de condiciones.

La subordinación se sustituye por contrapesos.

Para avanzar hacia sistemas auténticamente democráticos debemos desarrollar estructuras en red.

Los demócratas no necesitan seguir a un líder

La eliminación de las jerarquías y la implantación de sistemas basados en redes tiene como consecuencia que los líderes no son necesarios. Las decisiones y el poder no se centralizan, quedan distribuidos en la red.

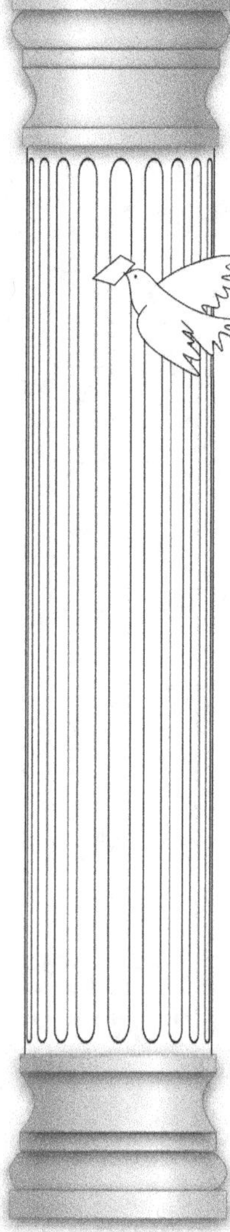

Las tiranías se construyen alrededor del líder corrupto. En nuestros genes, nuestra naturaleza de primates nos convierte en seguidores de líderes. Es un impulso emocional muy difícil de controlar. Pero si queremos avanzar hacia la Democracia debemos evolucionar. Sustituir al líder por diálogo y comunicación mejorará la eficiencia de cualquier organización humana.

Los sistemas actuales de partidos han evolucionado a sistemas mafiosos, jerárquicos donde el seguimiento y lealtad al líder es fundamental para prosperar en la organización.

El líder es el problema.

El Estado no es un requisito de la Democracia

Otro concepto que está asociado erróneamente a la Democracia es que es un sistema por el que se organizan las Naciones, los Estados.

Pero la Democracia es un sistema de organización de la sociedad. El Estado es solo una parte de la sociedad.

La Democracia es independiente de los Estados. Puede existir sin Estados. De hecho, es totalmente necesaria fuera del Estado, en la sociedad Civil. En el funcionamiento de las empresas y asociaciones.

Es perfectamente útil para organizar a las personas por encima de los Estados.

Allí donde no hay organización democrática podremos encontrar focos de corrupción.

En Democracia lo importante son las personas y su libertad. Los Estados son solo estructuras de control.

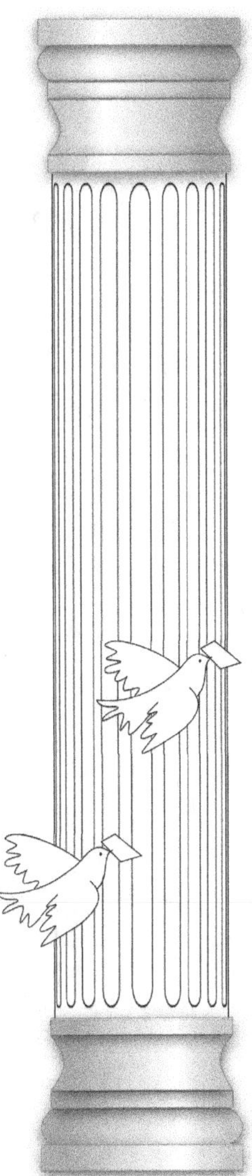

La Democracia se construye con redes

Como sistema organizativo, la Democracia tiene una estructura determinada, la red.

La red es la forma mas eficiente de gestionar la información.

La información que gestiona es la voluntad de las personas que integran la sociedad.

La red facilita la transparencia, los contrapesos, la división del poder, la comunicación, la rapidez en la respuesta, la captación de la realidad.

Las redes son mas complejas que las jerarquías, y requieren un soporte técnico superior.

Es fácil de entender que los primeros sistemas organizativos fueran jerárquicos y que los representantes aparecieran como una solución natural.

Pero en el siglo XXI carece de sentido mantener estos sistemas, completamente obsoletos y focos de corrupción.

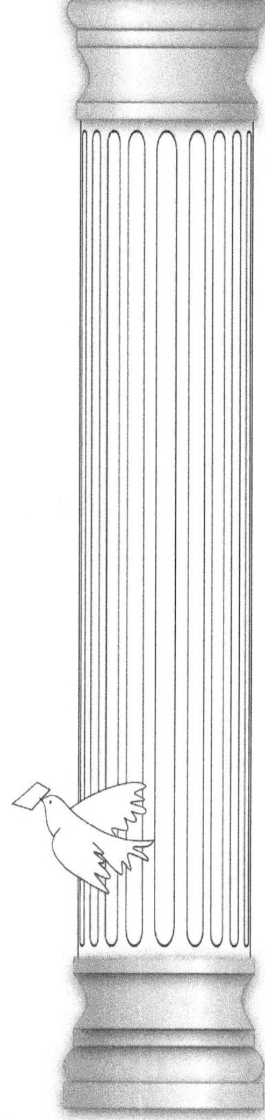

El mejor modelo, un cerebro

La Democracia no es un invento humano. La evolución de la vida en nuestro planeta desarrolló un sistema organizativo distribuido en red, sin lideres, con nodos especializados y altamente eficiente en la captación de la realidad y la toma de decisiones.

Este sistema es el cerebro.

Un cerebro está compuesto de células.

Estas células se agrupan y especializan. Se comunican en importantes redes neuronales, donde las neuronas colaboran en condiciones de igualdad. No existe una superneurona en el cerebro que concentre todo el poder. Es completamente innecesario, y realmente inútil. En su lugar, millones de neuronas dialogan para decidir la solución que cuenta con mayor número de señales de apoyo. La red es un concepto matemático que toma forma de cerebro en biología y forma de Democracia en una sociedad.

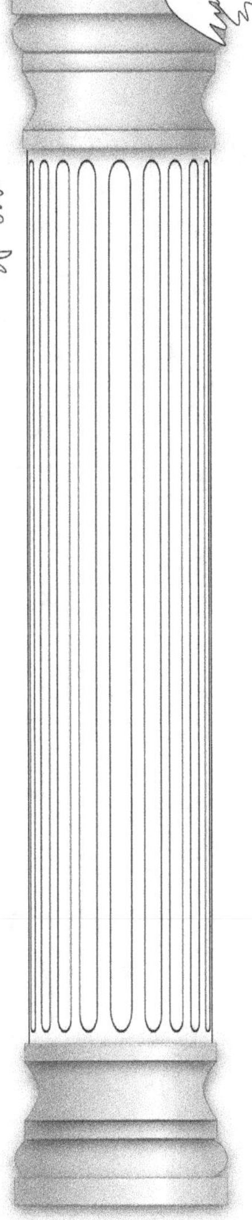

La Democracia es la forma más eficiente y fuerte de gobierno

Los dictadores piensan que la Democracias son formas débiles de gobierno. Aunque siempre han perdido cuando se han enfrentado.

En los gobiernos que llamamos democráticos, un porcentaje importante de personas piensan que las dictaduras son formas mas eficientes de tomar decisiones, porque las Democracias son lentas, y muchas veces ineficientes.

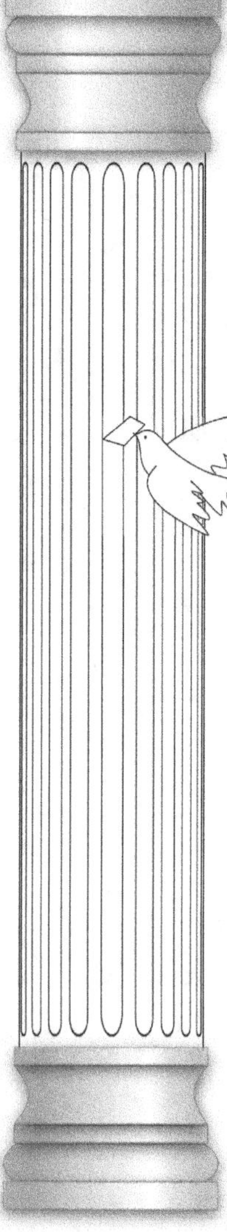

Esas apreciaciones en realidad no tienen sentido. Porque las dictaduras no son eficientes, ocultan la verdad (y su incompetencia) con manipulación y propaganda. Además, no hay verdaderas Democracias funcionando.

Los sistemas de representación han degenerado en Partidocracias.

Son formas que intentan pasar por Democracias, pero el poder está en manos de los partidos políticos.

Las Partidocracias no son Democracias.

CAPÍTULO

III

CAPÍTULO III
DIVIDIENDO EL PODER

26. Concentración del Poder.
27. División del Poder.
28. El grado de división del Poder.
29. Limitaciones al Poder.
30. La eficiencia del sistema.
31. La independencia del poder judicial.
32. El Poder Legislativo.
33. La fuerza del Poder Ejecutivo y sus límites.
34. La importancia de limitar los mandatos.

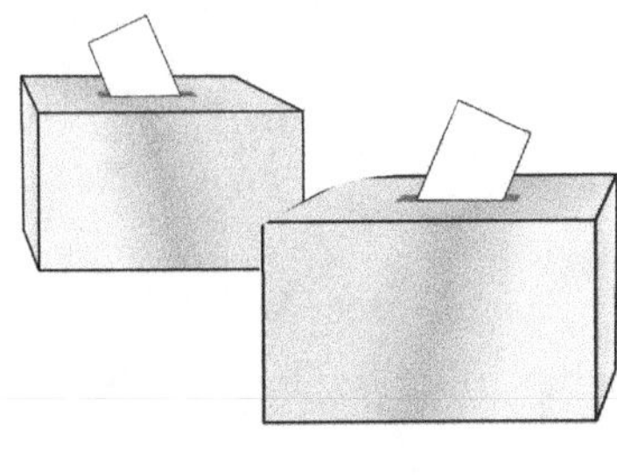

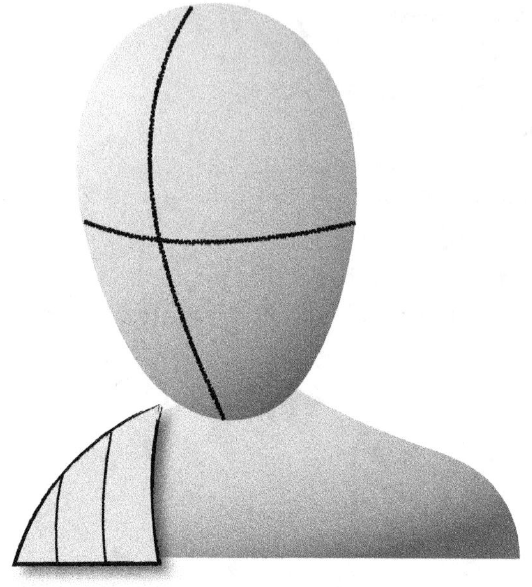

DIVIDIENDO EL PODER

Concentración del Poder

Para entender qué sucede con la libertad cuando el poder se concentra debemos entender qué es el Poder.

Poder es la capacidad de imponer la propia voluntad sobre la de los demás.

El Poder está ligado directamente con la voluntad.

La Democracia es un sistema que garantiza el respeto a la voluntad. Poder y Democracia son conceptos antagónicos.

Cuanto mayor es el poder de un individuo en una sociedad, menor es la libertad del resto. Por ello, la Democracia fragmenta el poder, y crea contrapesos para evitar su crecimiento y disfunción.

La concentración del Poder es la esencia de las Tiranías.

La Democracia más avanzada es aquella donde la sociedad se gobierna sin que exista concentración de poder. El Poder queda distribuido en nodos conectados que actúan a su vez como contrapoderes.

El diseño busca la eficiencia del sistema y protección contra la corrupción.

División del Poder

No son las elecciones lo esencial en una Democracia, sino la división del Poder.

Todos los sistemas de organización social tratan sobre el Poder.

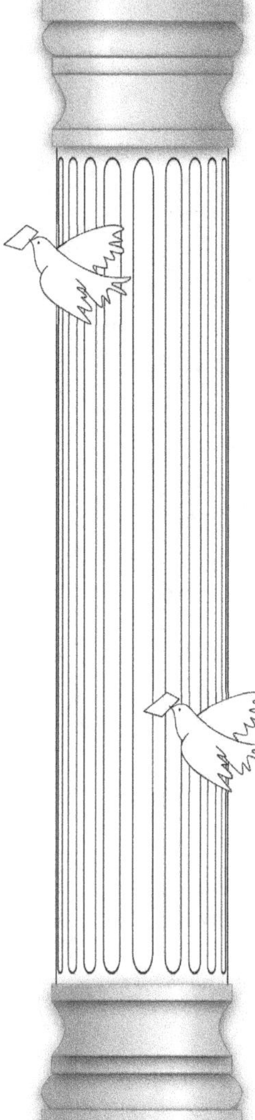

Organizar una sociedad implica que las voluntades de sus miembros acepten las decisiones adoptadas en los órganos de decisión.

En las sociedades no democráticas la aceptación viene por la imposición de una orden. Las voluntades de sus miembros no son tenidas en consideración. La aceptación es consecuencia de la sumisión.

En las sociedades democráticas la aceptación deviene fruto del acuerdo.

Cuando el poder está diluido, solo el acuerdo permite definir normas y acordar decisiones. Las cuotas de libertad de los individuos no se ven reducidas, porque el acuerdo requiere la aceptación de los disconformes.

Todas las voluntades son tenidas en consideración.

El grado de división del Poder

La mejor forma de medir el grado de Democracia de una sociedad es midiendo la concentración del Poder.

En matemáticas de la Democracia podríamos definir que el grado de Democracia de una Sociedad es inversamente proporcional al grado de concentración del Poder.

Las Partidocracias modernas no son Democracias, pero tampoco son Tiranías. Se encuentran en un grado intermedio de Poder.

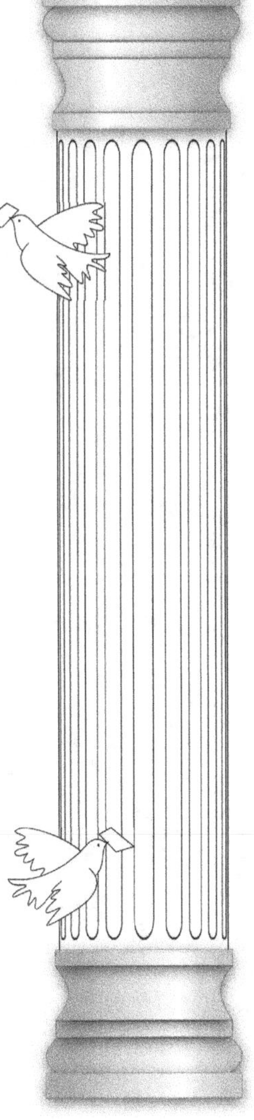

El problema de las Partidocracias es que siempre evolucionan concentrando Poder, porque los Partidos Políticos no tienen contrapesos eficaces. En consecuencia, con el tiempo adecuado se convierten en Tiranías.

100% de Democracia significa 0% de concentración de Poder.

La Democracia se consigue diluyendo el Poder y trabajando con nodos especializados.

Limitaciones al Poder

Sin limitaciones al Poder no existe Democracia.

Para implantar la dictadura, los tiranos desarticulan todas las limitaciones al ejercicio del Poder. A veces, esto es muy sencillo para ellos, porque apenas existen esas limitaciones.

El Poder se acota con restricciones a la capacidad de actuar, mediante la Separación de poderes, la implantación de Contrapesos, el establecimiento del Estado de Derecho y con la Limitación de Mandatos.

La lista de limitadores es amplia, y no está cerrada. Los diseños de los sistemas democráticos siempre son abiertos a mejoras. No existe el sistema democrático perfecto, simplemente la sociedad implementa el adecuado a su momento histórico, sus conocimientos, sus necesidades y sus capacidades.

La limitación de mandatos es una limitación temporal, que tiene por finalidad acotar el tiempo que tiene un líder para concentrar Poder.

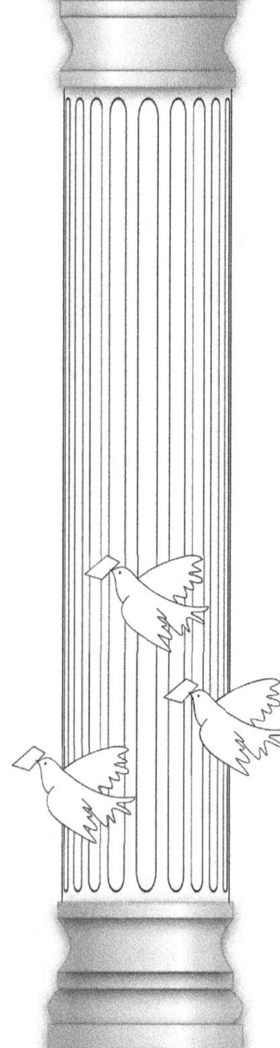

La eficiencia del sistema

Limitar el Poder mejora la eficiencia del sistema. Porque la concentración de Poder lleva aparejado un importante grado de corrupción, y la corrupción es un freno para la eficiencia del sistema.

Las decisiones en un sistema con limitaciones al Poder se pueden contrastar, y es posible frenar aquellas que sean claramente perjudiciales. Pero sin limitadores al Poder, no hay freno en la toma de decisiones absurdas o claramente perjudiciales. Las voluntades no pueden oponerse a un Poder concentrado.

Los limitadores de Poder obligan a múltiples actores a cooperar y dialogar.

En ausencia de estos limitadores, no existe esta cooperación y diálogo, y en consecuencia no se produce un análisis crítico de las decisiones. Un sistema eficiente reduce las decisiones perjudiciales y potencia las beneficiosas.

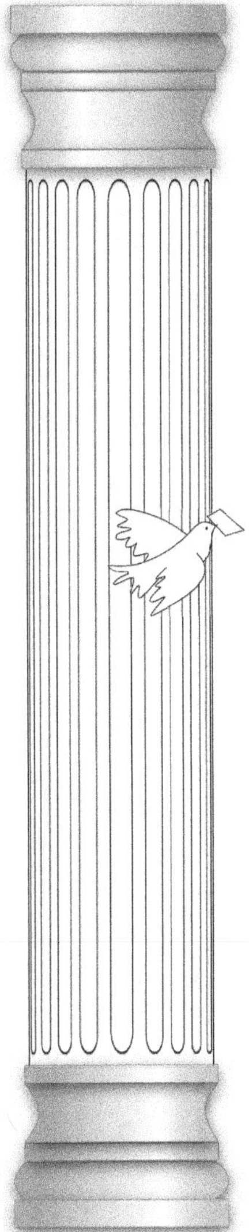

La independencia del Poder Judicial

La corrupción y la concentración de Poder tienen dos importantes enemigos: un Poder Judicial independiente y la Prensa Libre.

El Poder Judicial mantiene el Estado de Derecho operativo. De su imparcialidad depende la percepción de la Justicia en la Sociedad, y la aceptación y vinculación a dicha sociedad por parte de sus miembros.

El Poder Judicial pierde toda su fuerza si pierde su independencia.

La caída de la independencia implica la pérdida de imparcialidad. Y sin ella, el sistema judicial no se sostiene.

Es como una justicia sin vendas en los ojos. Y la venda no significa que la Justicia sea ciega, sino que trata a todas las personas del mismo modo. La venda en los ojos implica que no existen privilegiados. Sin independencia judicial la justicia no tiene vendados los ojos.

El Poder Legislativo

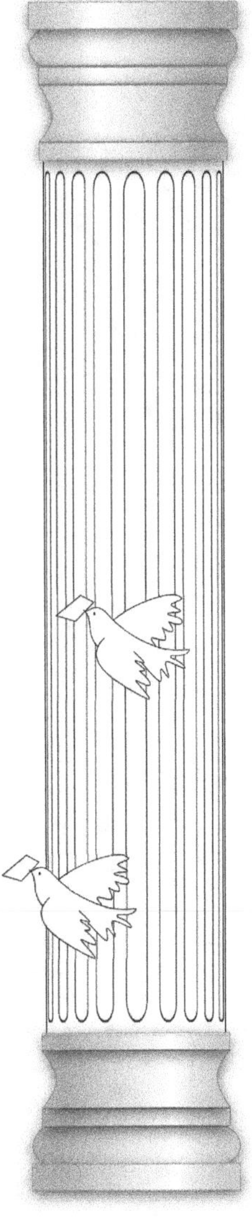

La existencia de un Parlamento donde se legisla no implica la separación de poderes. Para que los tres poderes clásicos (ejecutivo, legislativo y judicial) puedan considerarse separados, no basta con su constitución, es necesaria su independencia. En la dictadura esta independencia es completamente inexistente. En la Democracia, la independencia es completa.

(Que un Poder actúe con independencia no es incompatible con estar sometido a los controles de los contrapoderes).

Pero en las naciones más avanzadas se encuentran en un grado intermedio. Las llamadas Democracias occidentales no viven bajo dictaduras, ni tampoco en Democracia. El sistema que está establecido es la Partidocracia.

En una Partidocracia los Partidos Políticos tienen todo el poder. Los Partidos Políticos están en el Legislativo, el Ejecutivo y en la nominación de los jueces. Por tanto, no hay separación de poderes en las partidocracias.

La fuerza del Poder Ejecutivo y sus límites

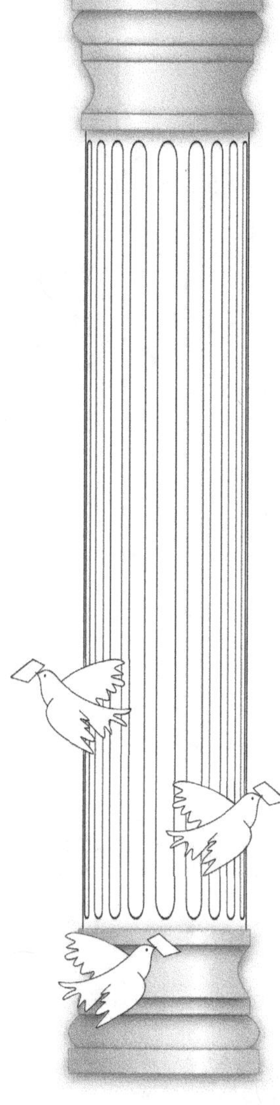

Estamos asistiendo a una peligrosa tendencia hacia la concentración de poder en el Ejecutivo. La figura del líder poderoso se está normalizando.

Los líderes de los partidos son los que terminan asumiendo la función ejecutiva. Muchas veces no son los líderes oficiales de los partidos, pero controlan el Partido sin dirigirlo, y el Partido les sigue y da soporte.

El Poder Ejecutivo se está convirtiendo en un superpoder en las Partidocracias. Los Poderes Legislativo y Judicial son contrapoderes muy fuertes, que deberían ser capaces de mantener en su sitio al Ejecutivo. Pero la acción de toma de control de instituciones practicada por los partidos Políticos está diluyendo esta función de contrapeso, y cada vez tiene menos fuerza. Esto está liberando al Ejecutivo, facilitando la concentración de Poder. Es un paso adelante hacia la tiranía.

La importancia de limitar los mandatos

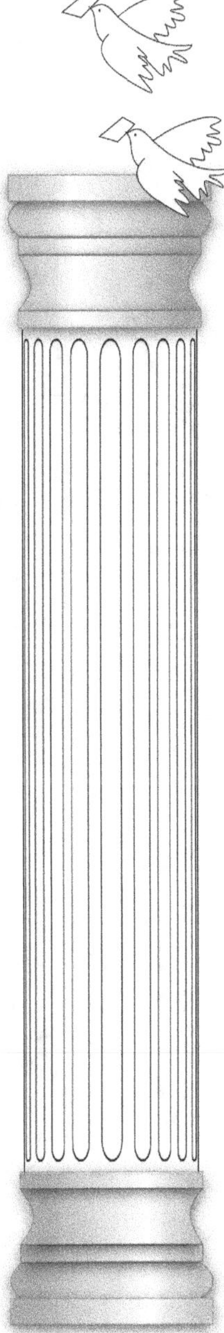

Los tiranos no obtienen el control del gobierno diciendo "Hola , soy un Tirano y vengo a robar vuestros recursos y vuestra libertad".

No, no se presentan así.

Los Tiranos se presentan a sí mismos como salvadores frente a las injusticias. Buscan el apoyo de la masa.

Cuando llegan al poder se encuentran con limitaciones que les impiden imponer su voluntad a todos. Así que trabajan para tejer una red clientelar que les dé soporte. Usan el nepotismo para rodearse de leales que callen la corrupción. Cambian leyes para obtener mayor Poder. Concentran cargos. Y todos, absolutamente todos, acaban con la limitación de mandatos. Porque hace falta tiempo para construir una Tiranía.

Donde ésta limitación se pierde, o simplemente no hay limitación de mandatos, tenemos una autopista directa hacia la dictadura.

CAPÍTULO

IV

CAPÍTULO IV
LA CORRUPCIÓN

35. La corrupción destruye la Democracia.
36. La corrupción siempre es sistémica.
37. Donde hay corrupción no hay Democracia.
38. Acaparar cargos públicos es corrupción.
39. Dividiendo a la Sociedad.
40. La corrupción busca la oscuridad y el silencio.
41. Las redes clientelares son un cáncer para el sistema.
42. El camino hacia la corrupción genera asociaciones mafiosas.
43. Es inmoral, es delito, pero lo mas importante es que tienen la oportunidad.
44. A mayor corrupción, menor grado de Democracia.
45. La división del poder reduce la corrupción.
46. Aliados contra la corrupción.
47. Transparencia.

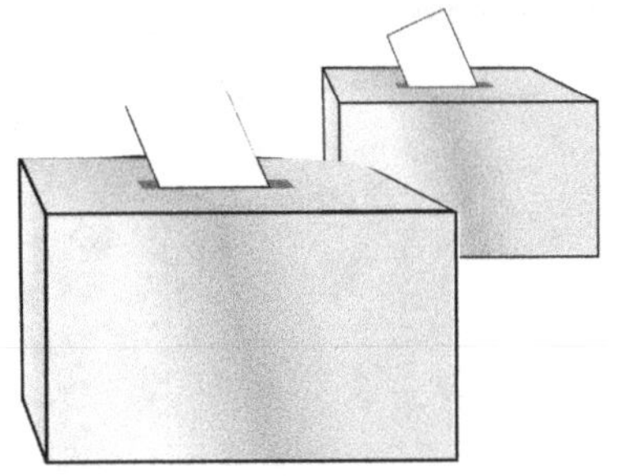
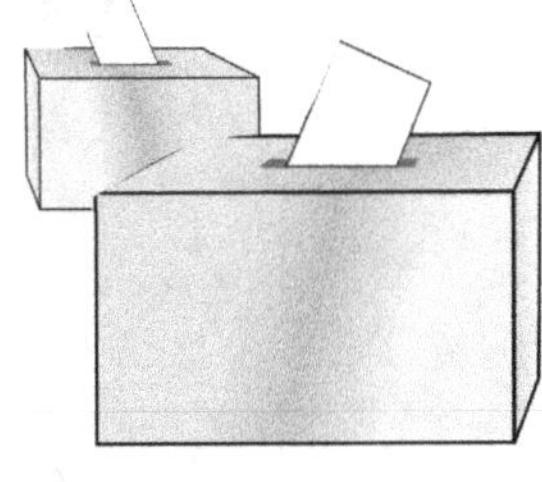

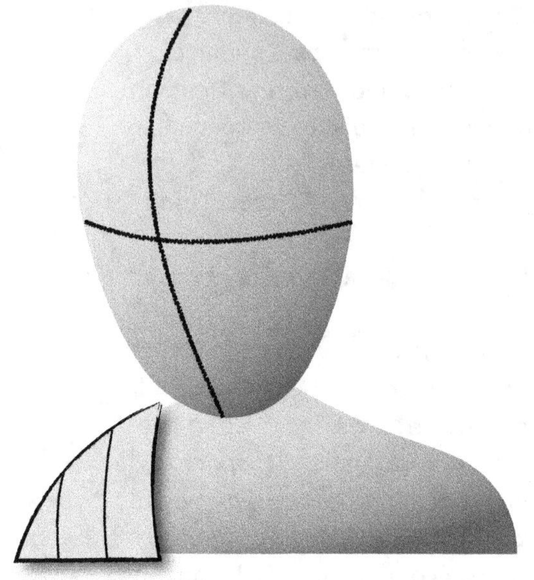

LA CORRUPCIÓN

La corrupción destruye la Democracia

El mayor enemigo de la Democracia es la corrupción.

La corrupción es un cáncer en el sistema que desvía recursos necesarios, favorece la concentración del poder, destruye la moral, crea redes clientelares que en la práctica constituyen asociaciones mafiosas.

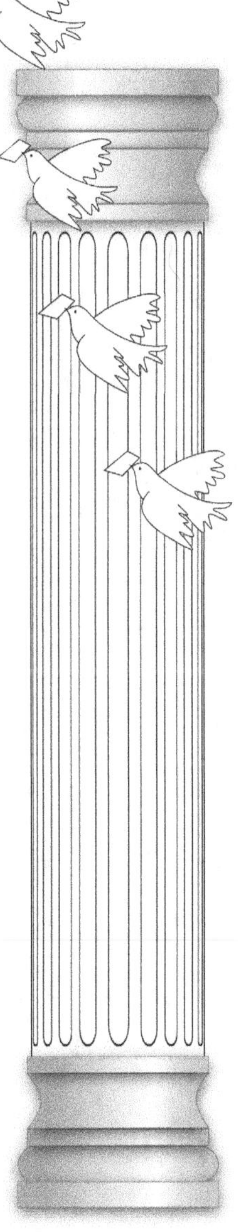

La corrupción llena el sistema de ineficiencia y lo cubre de mentiras.

Todo sistema, para mantener su eficacia, necesita autorepararse y ajustarse, pero la corrupción ataca directamente a los sistemas de mantenimiento. Los inhabilita, dejando a la sociedad sin defensa ante los ataques al sistema.

La corrupción se extiende por el sistema como un cáncer. Elimina la separación de poderes, compra voluntades y silencio. La corrupción manipula la verdad, y se alimenta en la oscuridad, por lo que la transparencia es su primera víctima.

La corrupción siempre es sistémica

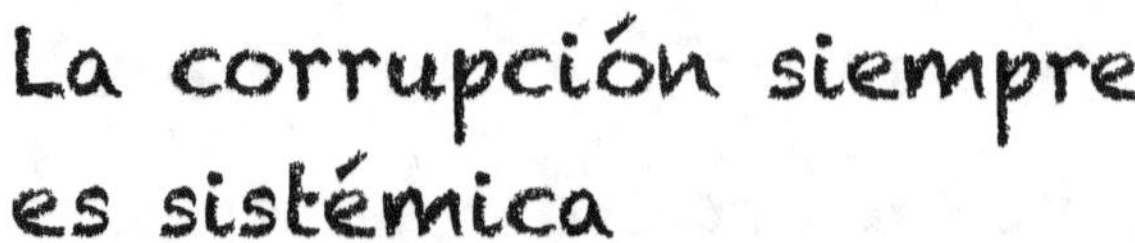

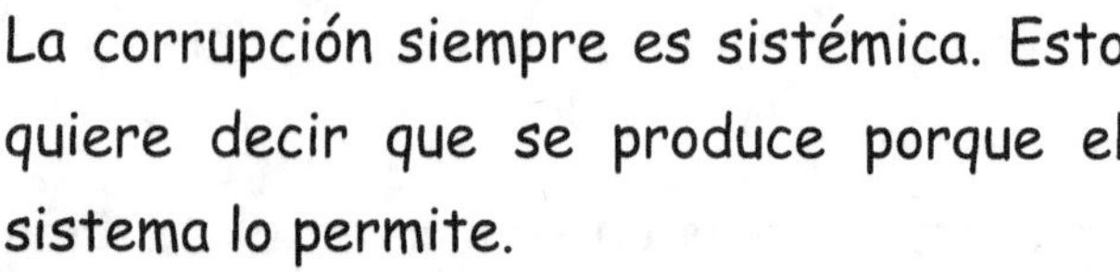

La corrupción siempre es sistémica. Esto quiere decir que se produce porque el sistema lo permite.

Se suele pensar que la corrupción aparece porque hay malas personas que "se cuelan" en el sistema.

Pero lo cierto es que solo es corrupto el que puede. Diseñar los sistemas con transparencia, repartiendo el poder de administrar los recursos entre múltiples nodos especializados, haría imposible que una persona actuase en la oscuridad. La selección de cargos públicos por concurso de méritos, siempre, bloqueando la nominación, rompería redes clientelares construidas bajo el nepotismo.

Debemos diseñar los sistemas para dividir el poder de decidir sobre los recursos, y diluir la concentración del Poder. Donde no lo hagamos surgirá la corrupción.

Si hay corrupción, podemos afirmar que existen fallos en el diseño del sistema.

Donde hay corrupción no hay Democracia

Una Democracia correctamente diseñada no permite la existencia de corrupción.

No se trata de que actúe cuando aparece. De lo que se trata es de que no pueda aparecer.

Evitar la corrupción es posible, porque toda corrupción es sistémica. Esto significa que un sistema bien diseñado puede impedir su aparición.

Para que surja corrupción es necesario que el sistema lo permita. ¿Cómo?. **Permitiendo la concentración del poder suficiente para tomar decisiones en la oscuridad.**

Dos factores son necesarios:

(1) concentración de poder.

(2) oscuridad. [falta de transparencia]

Democracia es la dilución del poder y la transparencia en la gestión.

Solo puede haber corrupción allí donde no hay verdadera Democracia.

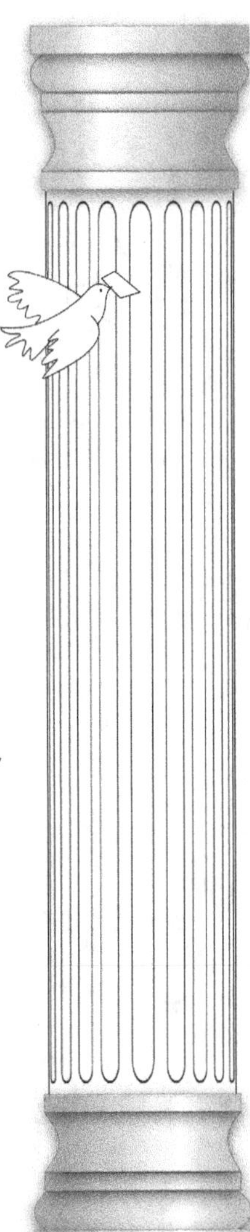

Acaparar cargos públicos es corrupción

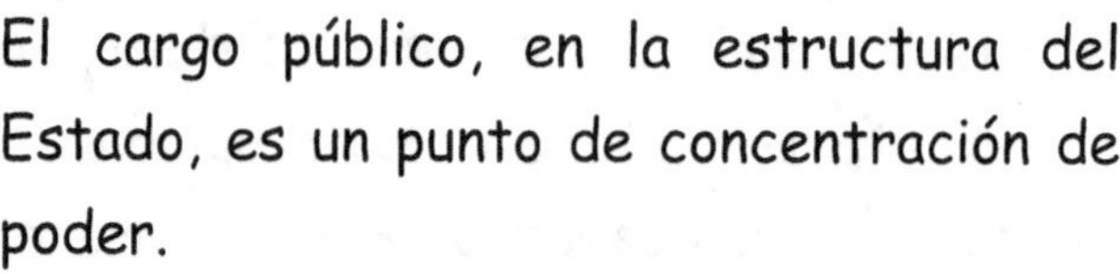

El cargo público, en la estructura del Estado, es un punto de concentración de poder.

Una de las formas de conseguir acumular poder consiste en la acaparación de cargos públicos.

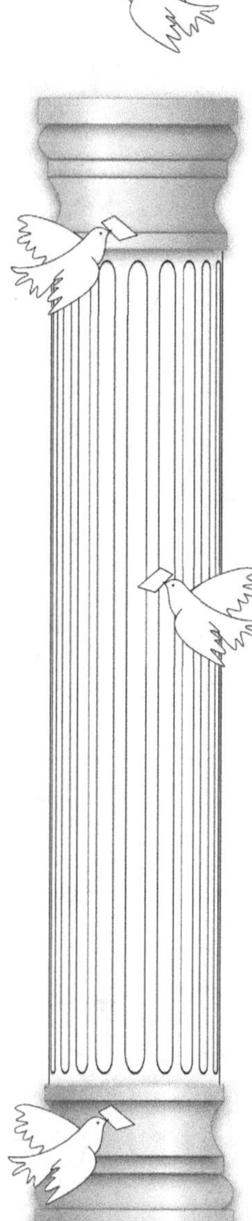

Los cargos públicos actúan en cierta competencia entre ellos, por lo que mutuamente ejercen un efecto de contrapeso.

La concentración de poder implica necesariamente la aparición de corrupción.

No se trata de que un cargo sea ejercido por buenas o malas personas (aunque obviamente la moral e ideas de cada uno influyen). Lo importante es que si permites la existencia de corrupción, sin duda, la corrupción aparecerá.

Permitir la concentración de cargos públicos es un fallo importante en el sistema. Es una puerta de acceso a la corrupción.

Dividiendo a la Sociedad

Dividir a la sociedad, romper la convivencia y enfrentar grupos son formas de corrupción.

Estamos viviendo tiempos en los que los partidos están polarizando a las sociedades. Y esto está ocurriendo cuando los partidos abandonan el centralismo y adoptan posturas populistas y demagógicas.

Los partidos situados en los extremos no tienen interés en el diálogo, porque sus posiciones son básicamente emocionales. Romper el diálogo implica que los seguidores no escuchan, ni tratan de razonar, simplemente adoptan posturas. Al rival se le pierde el respeto, y habitualmente se le insulta. Con ello, fidelizan a sus votantes.

Sin diálogo y respeto es imposible la Democracia. Este camino conduce a profundizar en la corrupción y la concentración del Poder. Una sociedad rota es más fácil de manipular.

La corrupción busca la oscuridad y el silencio

La corrupción es una forma de delincuencia. Sus tácticas son idénticas a las de la mafia. Necesita una red de leales dispuestos a delinquir o a guardar silencio.

Al igual que en la delincuencia, los corruptos necesitan oscuridad y silencio.

La Democracia se caracteriza por su transparencia. La transparencia solo se consigue con un buen diseño del sistema.

La transparencia es una cualidad del sistema por la cual los actos realizados en el sistema están abiertos al conocimiento de todos.

Lo que intentan los corruptos es que los demás no sepan lo que están haciendo.

En Democracia, la información de la gestión de los asuntos públicos está bajo los focos, y a disposición de todos.

Las redes clientelares son un cáncer para el sistema

Las redes clientelares están compuestas de personas elegidas por los lideres para poder actuar con impunidad. Al igual que en una asociación mafiosa, los integrantes de las redes ofrecen fidelidad y silencio al líder, a cambio de prebendas. Una red clientelar es una estructura mafiosa. El hecho de que todos los partidos políticos dispongan de estas redes nos da una clara idea de la naturaleza de los partidos.

La limitación de mandatos actúa reduciendo el tiempo del que disponen los líderes para crear estas redes. Porque crear una red clientelar requiere tiempo, debido a que la red necesita crecer para controlar todas las estructuras del poder. Cuando la limitación del tiempo no existe o es eliminada, estas redes crecen como un cáncer dentro del sistema, sin que nada impida ese crecimiento. Finalmente concentran todo el poder y la nación sucumbe a la dictadura.

El camino hacia la corrupción genera asociaciones mafiosas

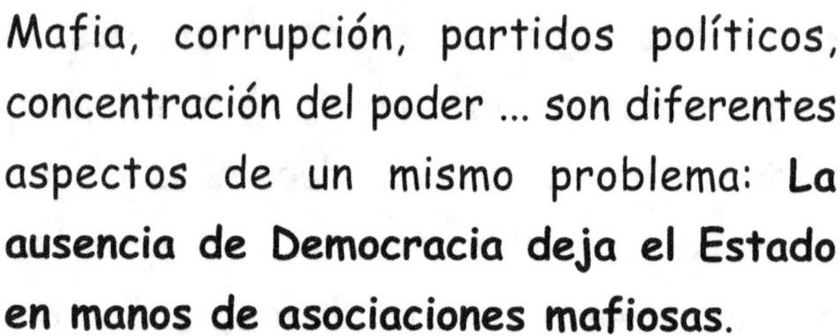

Mafia, corrupción, partidos políticos, concentración del poder ... son diferentes aspectos de un mismo problema: **La ausencia de Democracia deja el Estado en manos de asociaciones mafiosas.**

La idea de la mafia como organización delictiva dedicada al trafico de drogas, extorsión, trata de humanos y otros delitos de naturaleza violenta es una visión incompleta.

El principal negocio de la mafia es el Estado. La mafia se ha apoderado del Estado, y lo ha hecho sin armas. los partidos políticos no intentan aportar soluciones para gestionar los recursos públicos con eficiencia. Su objetivo es tomar el control de los recursos públicos para su expolio. Sin riesgos, con impunidad, elaborando las leyes a su medida, la nueva mafia es quien controla la política.

Es inmoral, es delito, pero lo mas importante es que tienen la oportunidad

Sin duda el desprecio por la Democracia, la manipulación y la corrupción de nuestros políticos es altamente inmoral.

Sus actos son delictivos. Aunque hacen leyes para que no se consideren delitos sus ataques a la Libertad.

Se rodean de impunidad, que solo cae ante los casos mas escandalosos, y no siempre.

Pero no nos engañemos. Son corruptos porque nosotros lo permitimos.

Las pseudo-Democracias en las que vivimos no tienen el diseño adecuado, y permiten la existencia de corrupción.

Nuestro deber es defender nuestra Libertad, y el camino es la educación.

Pero en nuestras sociedades existe una profunda ignorancia sobre lo que es la Democracia y como protegerla.

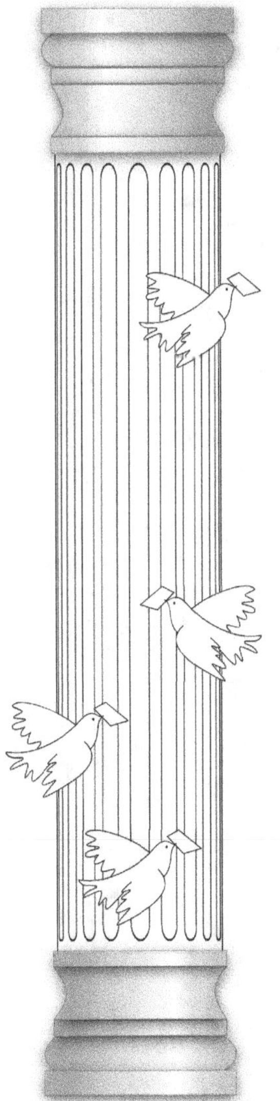

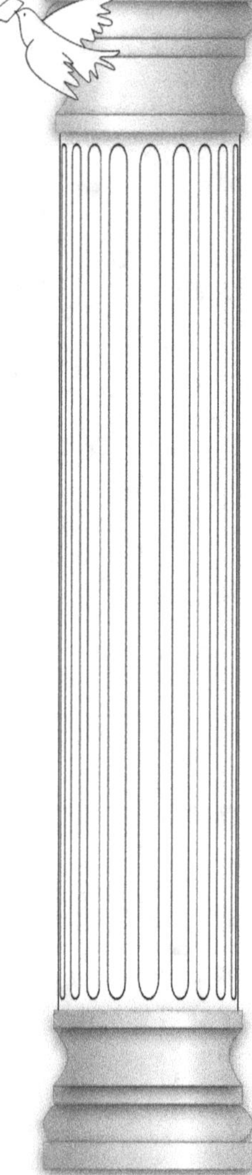

A mayor corrupción, menor grado de Democracia

Para medir el grado de Democracia de una sociedad hay que acudir a una serie de indicadores.

El grado de concentración del Poder, la existencia de violencia, el nivel de corrupción, las bolsas de pobreza, la protección de las Libertades,... todos son indicadores del grado de Democracia.

La corrupción además es una alarma muy importante, ya que cuando el nivel es elevado significa que los sistemas de defensa han sido anulados o fuertemente debilitados, y la sociedad se dirige hacia gobiernos cada vez más totalitarios.

La Democracia se pierde con la corrupción. Su sola existencia debería despertar a los demócratas y activar medidas de protección.

La división del poder reduce la corrupción

Cuando dividimos el poder en la sociedad conseguimos dos efectos importantes.

(1) Las funciones de cada poder quedan acotadas.

(2) Los otros poderes actúan como contrapesos.

La combinación de ambos efectos tiene como consecuencia una reducción de la corrupción en el sistema.

La limitación de funciones, si está bien diseñada, eliminará la posibilidad de que una sola persona pueda actuar con impunidad.

La impunidad es el Santo Grial de los delincuentes.

Pero no nos engañemos. La división del poder por sí sola no es suficiente para eliminar la corrupción del sistema. Deben aplicarse mas medidas y potenciar los contrapoderes. Son los aliados naturales contra la corrupción.

Aliados contra la corrupción

Aliados indispensables contra la corrupción:

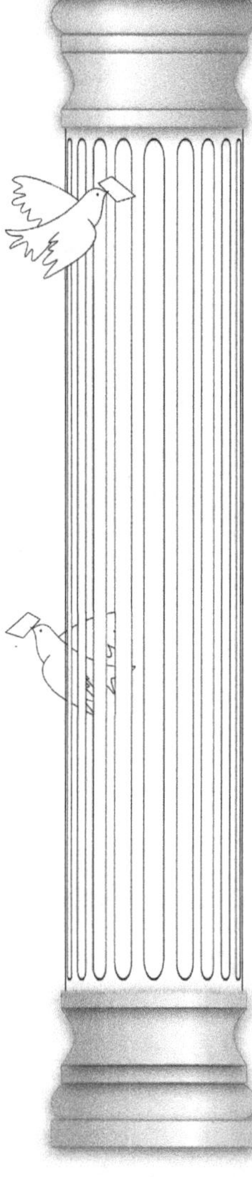

(A) Limitadores del poder.

(B) Sistema Judicial Independiente.

(C) Prensa Libre.

(D) Organismos Supervisores Independientes.

No son todos, pero estos son esenciales. Un sistema que tenga un buen desarrollo de estos aliados tendrá niveles muy bajos de corrupción.

Los aliados son útiles para luchar contra la corrupción. Pero no debemos olvidar que la corrupción es sistémica. Si existe es debido a que el sistema está mal diseñado. Debemos impulsar mejoras en el sistema hasta que todas las brechas queden cerradas.

Para llegar a una Democracia plena nuestras sociedades tienen un largo camino por recorrer. El éxito en la lucha contra la corrupción indica el camino correcto.

Transparencia

La Democracia avanzada es como un cristal completamente transparente.

La corrupción vuelve el cristal cada vez más opaco, hasta convertirlo en un objeto oscuro en las tiranías.

Transparencia no significa publicar algunos datos en páginas web. Transparencia significa que todos los ciudadanos tienen el derecho de acceso a toda la información generada por el Estado, porque son los legítimos propietarios. Y esta información debe ser completa y veraz. En una Democracia plena ese acceso es absoluto, sin espacios oscuros. Implica que el Gobierno no puede filtrar la información que los ciudadanos reciben.

La transparencia fortalece la sociedad, ya que permite a sus integrantes disponer de la información para participar en las decisiones. Matices, sin duda hay muchos. Pero lo que es inaceptable es vivir bajo la censura interesada de quienes gobiernan pretendiendo dictar que deben saber los ciudadanos,

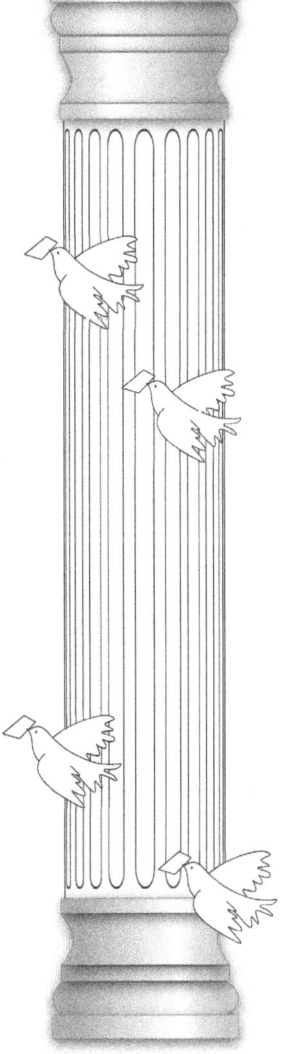

CAPÍTULO

V

CAPÍTULO V
LOS PARTIDOS POLÍTICOS

48. Los representantes solo pueden serlo con un contrato de representación.
49. La representación está en las personas.
50. La función de los partidos políticos.
51. Los partidos políticos tienen demasiado poder.
52. Los partidos políticos tienden a concentrar todo el poder.
53. La competencia entre partidos políticos promueve la división de la sociedad.
54. La Democracia ayuda a competir sin dividir.
55. Contrapoderes para los partidos políticos.
56. Una sociedad de partido único es una tiranía.
57. El bipartidismo es una distorsión de la Democracia.
58. Un partido político corrupto es una asociación mafiosa.
59. Los militantes también son culpables.
60. Si tapas la corrupción del líder, eres un mafioso.

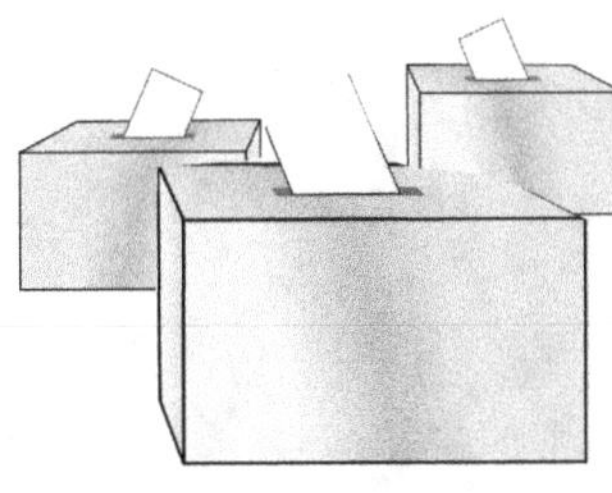

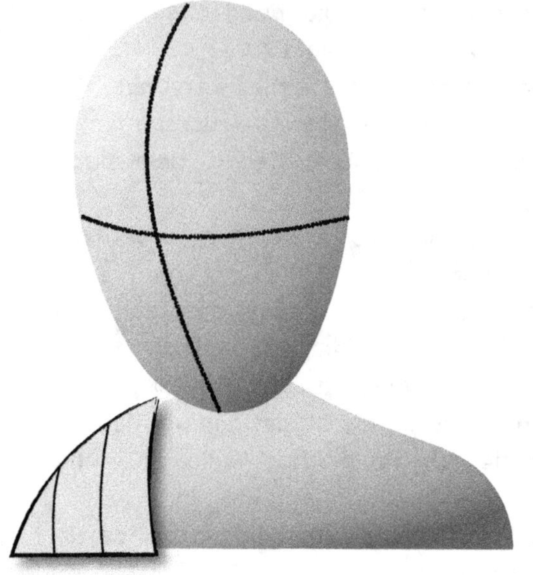

LOS PARTIDOS POLÍTICOS

Los representantes solo pueden serlo con un contrato de representación

Nos han acostumbrado a votar partidos políticos. Finalmente lo están consiguiendo, estamos olvidando que lo que hacemos es elegir representantes.

Un representante es una persona que tiene un mandato de representación.

El voto no es suficiente, ya que limita el numero de representantes a los candidatos que cuentan con el soporte de partidos, dejando muy poco espacio (o ninguno) para representantes independientes.

Debemos acudir al contrato de representación, otorgando un mandato limitado en el tiempo al representante, con la posibilidad de retirarlo si no cumple.

Elegir un numero tan reducido de representantes en las cámaras legislativas, para mandatos de tan largo plazo, sin control, ya no tiene sentido.

La representación está en las personas

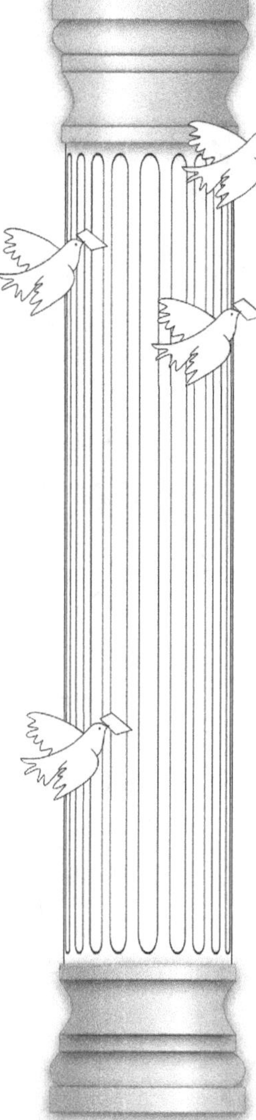

Tanto se ha repetido, que lo obvio ha perdido significado. Es el elefante en la habitación, al que nadie ve.

La representación no está en los partidos políticos. Los partidos políticos no son los representantes, sino las personas.

El hecho de que las personas estén a las órdenes de los partidos políticos es una aberración del sistema.

Todavía se conserva un cierto grado de independencia (muy pequeño) en países de tradición anglosajona y norte de Europa.

Pero estamos asistiendo al surgimiento de gobiernos populistas con tintes antidemocráticos y manipuladores que han provocado una radicalización y división de la sociedad.

Los partidos se arrogan la representación.

Las personas, cada vez cuentan menos.

La función de los partidos políticos

Los partidos políticos no surgieron por generación espontánea. Tenían una función muy concreta. Si un grupo de personas compartían unas ideas que querían trasladar a la sociedad, colaborar y organizarse era una buena forma de alcanzar las metas.

Pero todas las organizaciones evolucionan, tienden a crecer y a perpetuarse.

¿Cuál es la función, el objetivo de los partidos políticos en nuestros días?

Conseguir el poder.

Y en el proceso se han convertido en un nuevo poder.

Pero a diferencia de los otros poderes, los partidos políticos carecen de contrapesos adecuados. Y en consecuencia, se expanden por el sistema, crecen sin resistencia, acaparan el poder y se corrompen. Están arrastrando a la sociedad hacia la pérdida de la Libertad.

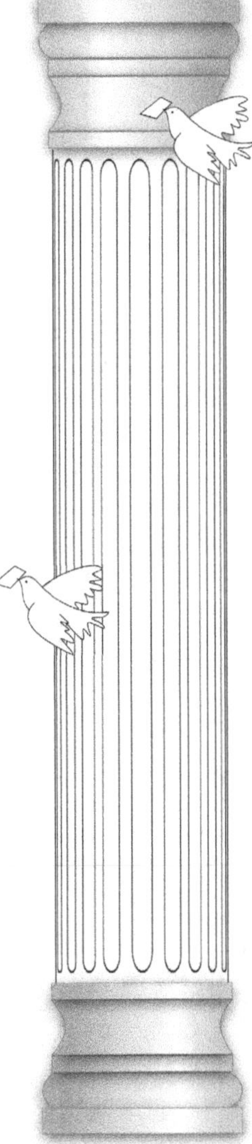

Los partidos políticos tienen demasiado poder

A pesar del paso del tiempo seguimos teniendo la idea de que la separación de poderes no va mas allá de la separación clásica: ejecutivo, legislativo y judicial.

Pero los Partidos Políticos construyen otro poder muy real, y peligroso para el mantenimiento de nuestra Libertad. Porque está fuera de control.

Lo podemos llamar el Poder Político, y debemos regularlo y someterlo a limitaciones, controles y contrapoderes.

El gran peligro del Poder Político es que su naturaleza es la concentración del Poder. Actúa justamente en sentido inverso de la construcción democrática.

El poder acumulado en el SXXI por los partidos políticos es inmenso. Nadie cuestiona que el Poder Político elija jueces, que decida quién se presenta a las listas para el legislativo o que construya ejecutivos con muy pocos controles y enorme poder.

Los partidos políticos tienden a concentrar todo el poder

La Democracia trabaja para fragmentar el Poder, porque la división de poderes es la columna vertebral de cualquier Democracia. Los Partidos Políticos actúan en sentido inverso. Son maquinarias muy eficientes que trabajan para concentrar el Poder. Su objetivo no es otro que conseguir todo el Poder. Para conseguir sus metas no dudarán en enfrentar a la sociedad, manipular y mentir, controlar jueces, medios de comunicación, medios económicos y las cámaras parlamentarias.

La ignorancia imperante en nuestras sociedades actúa como una anestesia que mantiene adormecida a una población que no comprende las consecuencias de su inacción.

La concentración del poder por parte de los partidos lleva inexorablemente a un peligroso camino, en el que el bipartidismo es la antesala del partido único, donde la tiranía llama a la puerta.

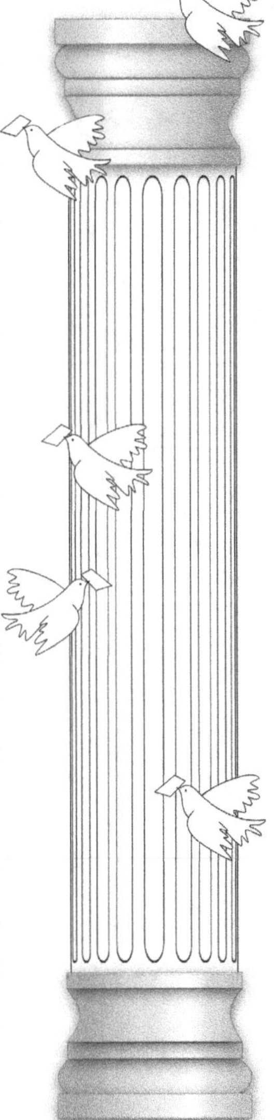

La competencia entre partidos políticos promueve la división de la sociedad

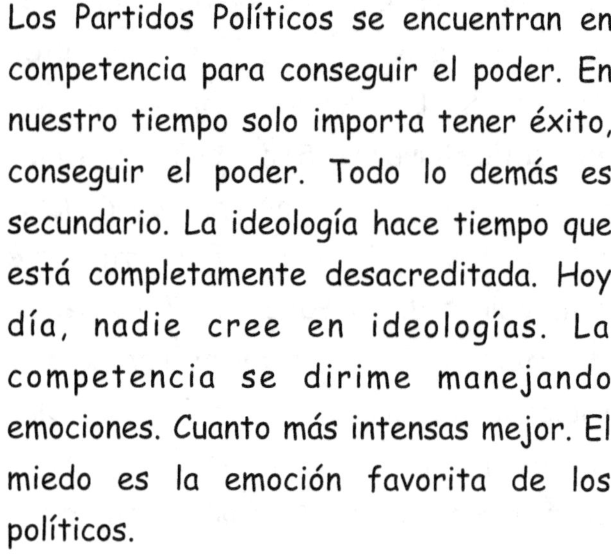

Los Partidos Políticos se encuentran en competencia para conseguir el poder. En nuestro tiempo solo importa tener éxito, conseguir el poder. Todo lo demás es secundario. La ideología hace tiempo que está completamente desacreditada. Hoy día, nadie cree en ideologías. La competencia se dirime manejando emociones. Cuanto más intensas mejor. El miedo es la emoción favorita de los políticos.

Se promueve la ausencia de diálogo, no sea que al escuchar al rival les guste el discurso. Es mejor que se sienta odio hacia los que piensan diferente.

Nuestros queridos partidos políticos están promoviendo el odio hacia los otros. El objetivo es dividir a la sociedad y diferenciarse del resto.

En una sala donde todos gritan, no se oye a quién razona.

La Democracia ayuda a competir sin dividir

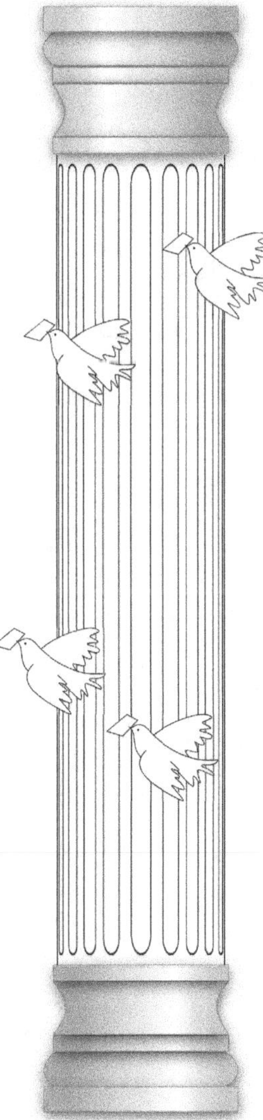

Respeto y diálogo son esenciales para el buen funcionamiento democrático.

La educación en el debate, la asertividad y la tolerancia proporciona a la persona las herramientas para construir y proteger la Libertad.

Ningún demócrata enfrentará personas para conseguir sus objetivos. Existe una ética de los demócratas. Y los valores no son otros que el respeto y la tolerancia.

Alcanzar mayorías uniendo voluntades es muy diferente a buscarlas enfrentado grupos. Sin la aceptación de los valores morales democráticos la convivencia en Libertad no es posible.

La Democracia requiere evolución como sociedad, educación en el respeto y responsabilidad en la defensa de la Libertad.

En un mundo sin valores, la Democracia no puede encontrar suelo fértil donde crecer.

Contrapoderes para los partidos políticos

Llamaremos Poder Político al poder que representan los partidos políticos de nuestra sociedad en el siglo XXI. Este poder debe tener los contrapoderes adecuados.

El gran reto de este siglo es reducir el poder de los partidos políticos.

Para evitar que los partidos puedan elegir a dedo a Jueces, debe estar vetada la injerencia de los partidos en el Poder Judicial. Porque si el Poder judicial es independiente entonces puede actuar como contrapoder.

Como ejemplo de contrapoder, la legislación que regule los partidos no debería estar realizada por legisladores elegidos por los partidos. Esta función también se puede realizar mediante una cámara integrada por ciudadanos elegidos por sorteo que voten cualquier ley que afecte a los partidos, eliminando la parcialidad.

Una sociedad de partido único es una tiranía

Para entender el peligro que esconde la concentración de poder de los partidos políticos, debemos tener en cuenta que cuando una sociedad termina con un partido único significa que ha caído bajo las garras de la tiranía.

La lógica (contrapuesta) siempre es la misma: la concentración de poder lleva a la tiranía y su fragmentación cimienta la Democracia.

Los partidos políticos son organizaciones pensadas para conseguir todo el poder posible.

Son maquinarias de concentración de poder. Por ello, son un peligro real para la Democracia.

El siglo XXI debe marcar el final de esta evolución de los partidos políticos y el reforzamiento de los valores democráticos.

Si no lo conseguimos, veremos muchos partidos únicos en este planeta.

El bipartidismo es una distorsión de la Democracia

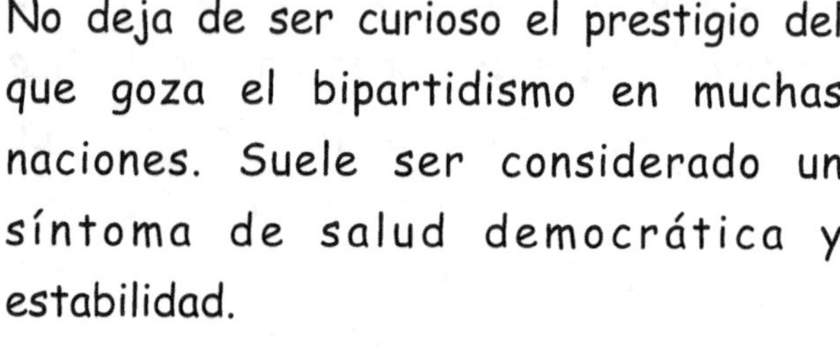

No deja de ser curioso el prestigio del que goza el bipartidismo en muchas naciones. Suele ser considerado un síntoma de salud democrática y estabilidad.

Pero lo cierto es que 2 partidos es justo lo que existe antes de llegar al partido único. Quienes fomentan el prestigio del bipartidismo son los partidos que disfrutan de este sistema.

El bipartidismo se alcanza siguiendo las mismas técnicas de exclusión de la competencia que utilizan muchas grandes corporaciones.

Las barreras de acceso, manipulación de los distritos electorales y legislación electoral que algunas veces alcanza grados de ingeniería en cuanto a su diseño para mantener el bipartidismo.

Su existencia es un síntoma de enfermedad del sistema.

Un partido político corrupto es una asociación mafiosa

La estructura de los partidos políticos es jerárquica. Prácticamente todos tienen unos líderes que controlan el partido.

En general, con honrosas excepciones, para poder ascender en un partido es necesario ofrecer lealtad a los líderes.

Las decisiones importantes no se pueden adoptar sin conocimiento, aprobación o el mandato de la cúpula del partido. Esto quiere decir que cuando existe corrupción, la cúpula del partido está perfectamente informada de todo.

No puede existir corrupción en un partido sin que la cúpula la ordene o la consienta.

Y esta corrupción existe con el consentimiento, la complicidad y el silencio del resto del partido.

Actúan como asociación mafiosa, cuando el acto corrupto es al mismo tiempo delictivo.

Los militantes también son culpables

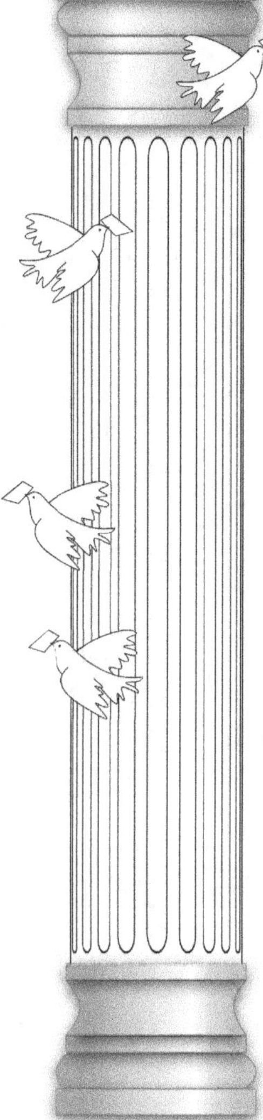

En muchos países nos encontramos con partidos políticos que son clamorosamente corruptos.

Independientemente del grado de impunidad del que puedan gozar, los militantes deben denunciar la corrupción en sus propios partidos.

Ocultar la corrupción es un acto de complicidad. Cuando la corrupción en los partidos aparece, los militantes son los primeros que deben exigir responsabilidad a sus líderes.

La realidad muestra que la militancia suele ocultar las malas prácticas y actos de corrupción.

Por ello, los militantes también son culpables, y la mejor política es que la justicia disuelva los partidos políticos cuando sus líderes cometen actos de corrupción. Porque cuando eso sucede es que el partido se ha convertido en una asociación mafiosa.

Si tapas la corrupción del líder, eres un mafioso

Un partido corrupto es una organización mafiosa.

El peligro para la sociedad es enorme. La seguridad, servicios y economía de la nación puede quedar en manos de delincuentes.

Un partido no puede corromperse sin el beneplácito del líder. Porque los partidos son asociaciones jerárquicas.

La corrupción no puede quedar oculta. Termina aflorando, y los militantes lo saben. Aquellos que tienen conocimiento de la corrupción y la ocultan, o continúan dando soporte al líder, son mafiosos.

Forman parte de una asociación dedicada a delinquir, y sus integrantes son exactamente mafia.

Una sociedad avanzada debe protegerse de estas asociaciones. En una Democracia bien diseñada, los responsables deben responder ante la justicia, y la organización debe ser disuelta.

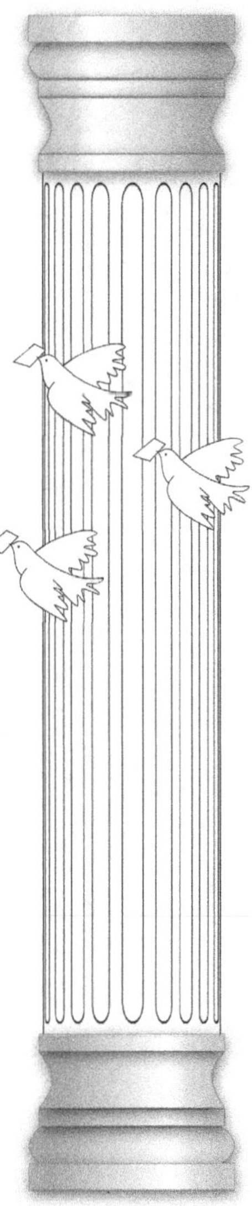

CAPÍTULO

VI

CAPÍTULO VI
EL ESTADO DE DERECHO

61. Solo las Democracias pueden hacer leyes.
62. El Estado de Derecho solo es posible en Democracia.
63. Igualdad ante la ley.
64. No existe Estado de Derecho sin independencia del Poder Judicial.
65. La inflación legislativa es la alerta de una desconexión.
66. La inseguridad jurídica es consecuencia de la corrupción.
67. La impunidad es un claro síntoma de pérdida de Democracia.
68. Los privilegios son incompatibles con un Estado de Derecho.
69. En el Estado de Derecho, los delitos tienen un precio.
70. Un Estado de Derecho es profundamente moral.

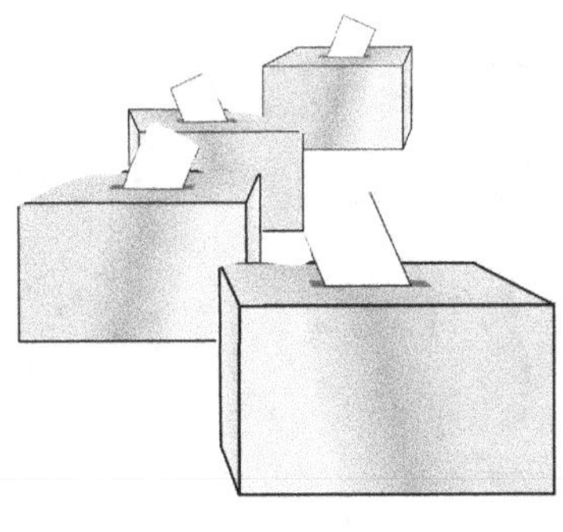

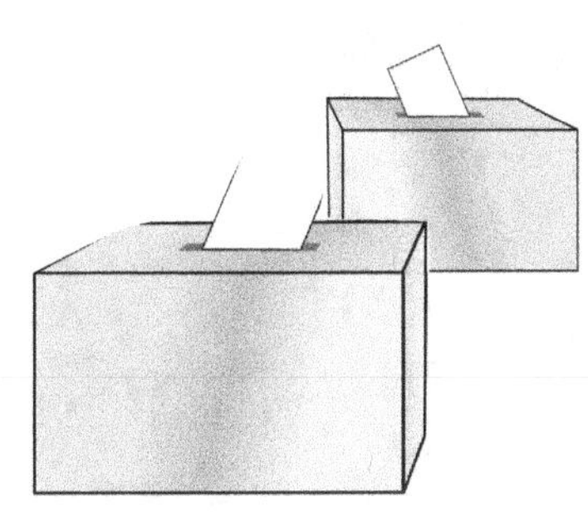

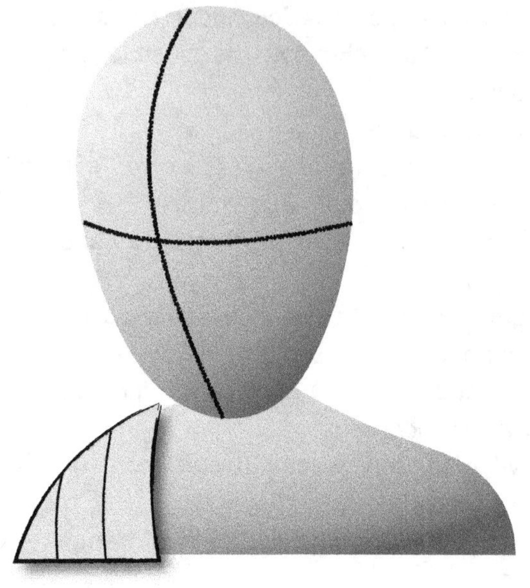

EL ESTADO DE DERECHO

Solo las Democracias pueden hacer leyes

Las leyes son normas que una sociedad libre se otorga y acepta para garantizar su convivencia.

Las tiranías carecen de leyes, ya que sus mandatos no son aceptados por la sociedad, sino impuestos.

La imposición solo crea órdenes, que la sociedad debe cumplir bajo amenaza de castigo. Por ello, debemos separar muy claramente las leyes de las órdenes.

Las leyes se crean por acuerdo y aceptación. Las órdenes se imponen bajo amenaza.

La diferencia es sustancial, ya que significa que todas las tiranías pueden ser desobedecidas.

La sociedad tiene el derecho (y el deber) de resistir la imposición de órdenes. Y quienes imponen órdenes a la sociedad son criminales.

Solo en Democracia es posible hacer leyes por ser la única forma de organizarse el libertad, sin imposición.

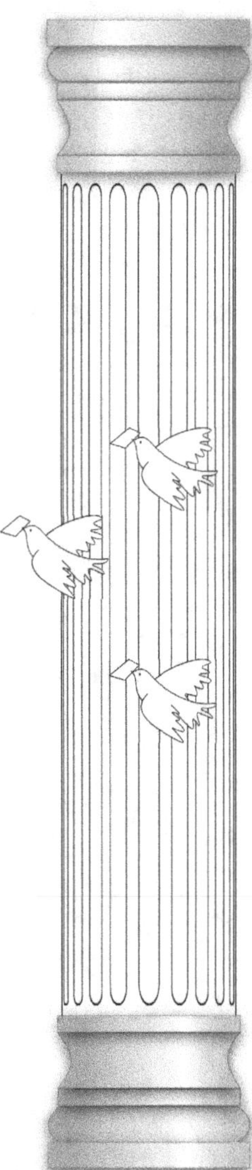

El Estado de Derecho solo es posible en Democracia

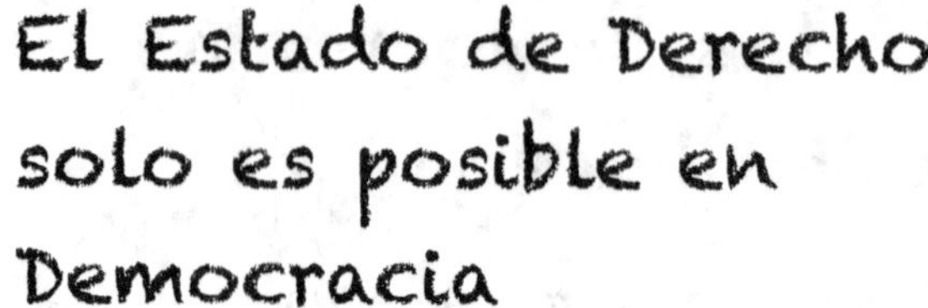

Estado de Derecho o Imperio de la ley es la forma de gobierno bajo normas que una sociedad libre se autoimpone por acuerdo, quedando toda la sociedad sometida a dichas normas.

Las tiranías carecen de Estado de Derecho, por 2 razones:

La primera es porque no pueden hacer leyes, lo que hacen es imponer órdenes a la sociedad bajo coacción. Sin Leyes no existe Estado de Derecho.

La segunda razón, el Imperio de la Ley significa que en el Estado de Derecho todos los miembros de la sociedad están bajo las leyes. Y en las tiranías, los dirigentes están por encima de sus propias "leyes", ellos emiten órdenes que no les afectan.

La esencia de la Tiranía es que los tiranos viven en un mundo de privilegios, mientras la sociedad vive bajo la opresión y la coacción.

Igualdad ante la ley

Para el correcto funcionamiento de una sociedad libre es necesario acabar con los privilegios.

Los privilegios son excepciones a las normas. Se conceden a algunos miembros de la sociedad para que tengan un trato diferente.

En toda Democracia rige la igualdad ante la Ley, y no existen niveles de privilegiados entre los miembros de la sociedad. La Igualdad ante la Ley no significa que todos seamos iguales, Esta afirmación, además de confusa, es falsa. Significa que no pueden haber unos cuantos viviendo con privilegios de los que el resto de la sociedad carece. Conceder privilegios implica que el resto queda en desventaja. En Democracia la sociedad es diversa, cada persona es diferente, pero todos son iguales ante la Ley.

Los privilegios suelen ser formas de evadir la responsabilidad ante normas, o situar a alguien en una situación de ventaja, que generalmente aporta beneficios económicos.

No existe Estado de Derecho sin independencia del Poder Judicial

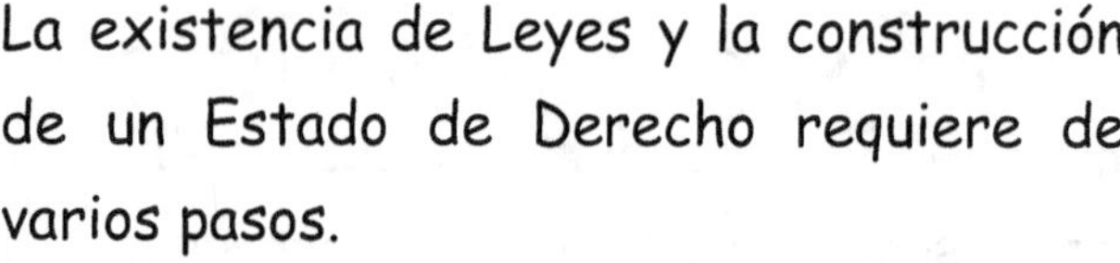

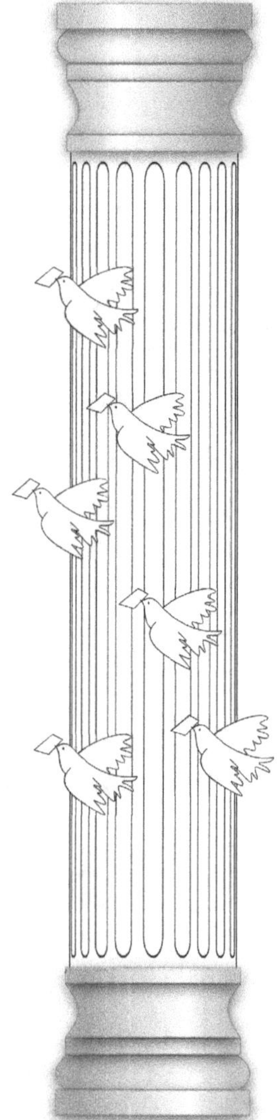

La existencia de Leyes y la construcción de un Estado de Derecho requiere de varios pasos.

El primero es la creación de la Ley, que solo es válida si se realiza mediante acuerdo. La segunda es la promulgación de la Ley. Debe ser pública y conocida para poder ser exigible en la sociedad. Y la tercera es la aplicación de la Ley.

Es precisamente la aplicación de la Ley la que construye un Estado de Derecho.

Esta aplicación debe realizarse sin excepciones. Todos deben ser iguales ante la Ley.

Y para que eso suceda es necesario un sistema judicial que vele por la correcta aplicación de la Ley, garantizando las libertades de todas las personas.

Solo en Democracia el sistema judicial es independiente. Las tiranías y partidocracias no garantizan esta independencia.

La inflación legislativa es la alerta de una desconexión

Construir Leyes requiere de importantes garantías en Democracia. Las normas deben gozar del consentimiento de la mayoría de la sociedad.

Los sistemas de representación existentes y la Partidocracia no ofrecen suficientes garantías. Por supuesto, las tiranías carecen de frenos a la hora de imponer sus órdenes.

Cuando la producción de Leyes es excesiva en una sociedad, no se está respetando la voluntad de la mayoría, porque no se está consultando con la sociedad.

El exceso de publicación de leyes y los cambios normativos constantes generan inseguridad jurídica. La sociedad carece de tiempo para entender todas las normas y adaptarse. Las naciones multicamerales suelen añadir confusión cuando legislan la misma materia en diferentes cámaras territoriales.

La inseguridad jurídica es consecuencia de la corrupción

Se produce inseguridad jurídica cuando:

1. no existe clara certeza sobre la vigencia de las normas.
2. estas cambian, de forma que no se puede prever su cumplimiento.
3. el sistema judicial no es previsible.

Las consecuencias para la sociedad son enormes. Desde el empobrecimiento de la sociedad (es un factor determinante que ahuyenta las inversiones), hasta la vulneración de derechos.

La existencia de inseguridad jurídica muestra un enorme desprecio hacia los ciudadanos, que no saben a que normas deben atenerse.

La causa final de la inseguridad siempre es la corrupción, que llena las instituciones de personas incompetentes y dedicadas a perseguir sus intereses personales desatendiendo su deber.

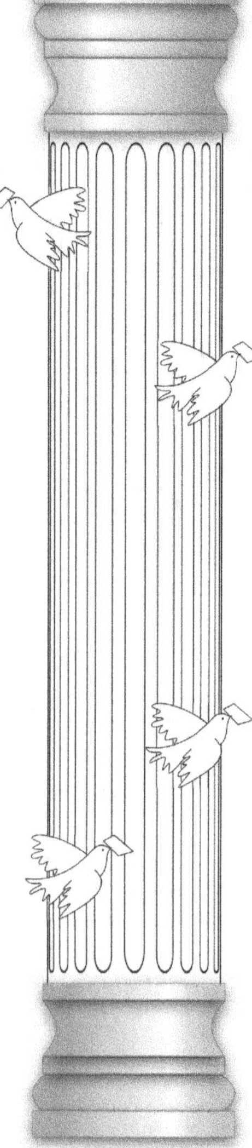

La impunidad es un claro síntoma de pérdida de Democracia

Nada es mas ajeno a la Democracia que la existencia de violencia o la violación de los derechos de las personas.

Por ello, toda Democracia avanzada dispone de leyes y un sistema judicial que elimina los espacios de impunidad, castigando y persiguiendo las acciones violentas o dañinas.

Los espacios de impunidad son el territorio de los enemigos de la libertad.

Ser libres requiere vivir en seguridad. El miedo es la forma de control de los violentos. Una sociedad segura carece de miedo.

La tolerancia es una virtud en Democracia cuando se refiere a la expresión de ideas. Pero un Demócrata es absolutamente intolerante con la violencia y los violentos. En Democracia no pueden existir espacios de impunidad.

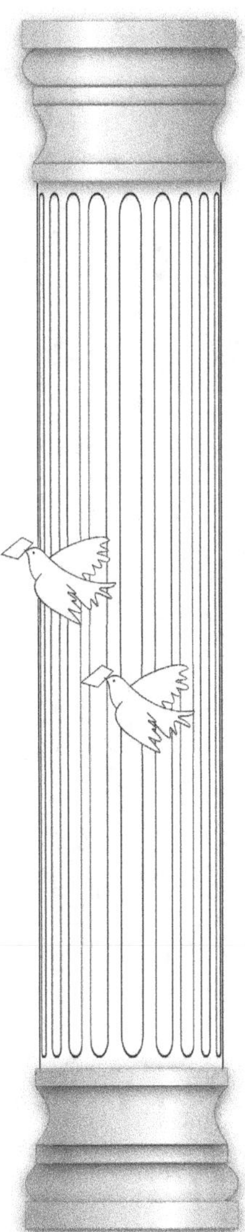

Los privilegios son incompatibles con un Estado de Derecho

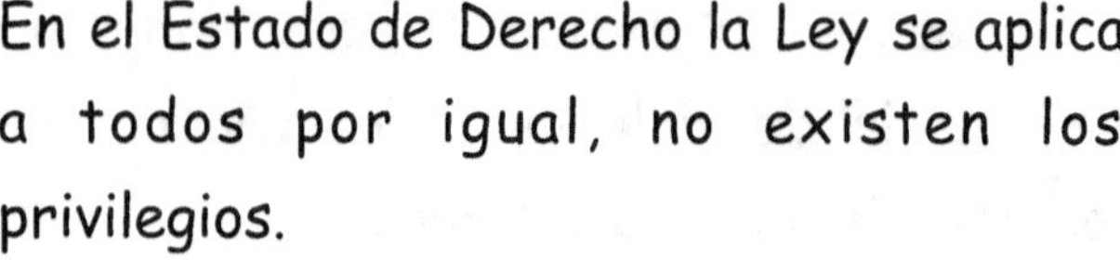

En el Estado de Derecho la Ley se aplica a todos por igual, no existen los privilegios.

Cada vez que se establece un privilegio se está dividiendo a la sociedad en dos grupos, los que se rigen por una norma y el privilegiado, que está exento.

Las normas en Democracia tienen aplicación universal.

Existen casos en los una norma no se aplica a todos. Por ejemplo, la edad para votar o para conducir un vehículo a motor impide estas acciones a los menores. Pero en estos casos está justificado, ya que es una forma de proteger a los menores hasta que su capacidad les permita ejercer sus plenos derechos.

Un privilegio aporta beneficios y ventajas exclusivas para el privilegiado, y se priva y se deja en desventaja al resto de la sociedad.

En el Estado de Derecho, los delitos tienen un precio

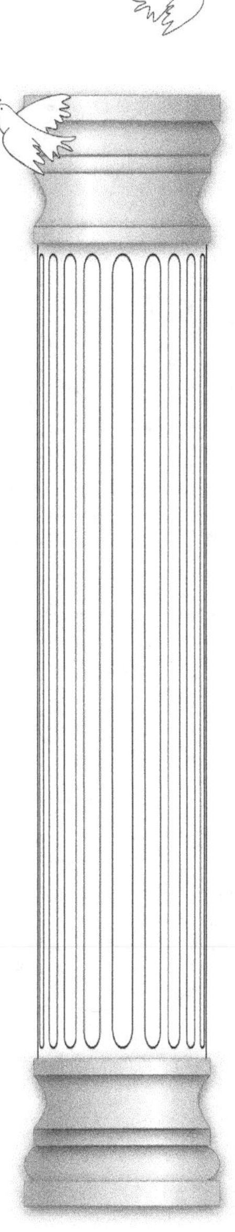

Toda sociedad libre debe protegerse y garantizar la seguridad de sus miembros. Las normas están (o deberían estar) para que nuestras decisiones no dañen a los demás.

Pero algunos deciden escoger lo mejor para si mismos, aunque esto vaya en contra de las normas y cause daño a los demás.

Poner precio a los delitos hace que cuando se toma la decisión sobre lo que es mejor, se tenga en cuenta el coste.

No solo es importante que los delitos supongan un importante coste, sino que también es necesario que ese coste sea creíble.

Si el delincuente piensa que el sistema tiene huecos de impunidad, o es fácil evadir la justicia, es muy probable que delinca. Pero si piensa que el coste es alto y es seguro que tendrá que pagar, es muy posible que decida inhibir sus acciones.

Un Estado de Derecho es profundamente moral

Todos nos movemos con una escala de valores personal y única. Estos valores no son necesariamente nobles.

El mal también tiene sus propios valores, y hay muchos que los asumen. Los valores son esencialmente buenos para quienes los escogen. Hay quien escoge la violencia y dañar a los demás, transmitir miedo y robar. Adquirir poder y dominar. Pueden ser despreciables, pero son valores en competencia con la libertad, la dignidad, el respeto o la tolerancia.

Toda sociedad tiene miembros que desean la cooperación.

Otros prefieren el dominio y el sometimiento de los demás.

Un Estado de Derecho nace únicamente en una sociedad donde la mayoría desea colaborar, buscando seguridad y libertad.

Los valores del respecto, la libertad y la justicia impregnan el Estado de Derecho, y cuando se pierden, el Estado de Derecho desaparece.

CAPÍTULO

VII

CAPÍTULO VII
LAS ELECCIONES

71. Democracia no es un sistema de elecciones.
72. Las elecciones son consecuencia de la representación.
73. Es posible la Democracia sin elecciones.
74. La lenta evolución de la Democracia.
75. ¿Porqué hacemos elecciones?
76. El S.XXI y las elecciones.
77. Representación y candidatos.
78. La importancia de unas elecciones justas.
79. El voto es una expresión de la voluntad.
80. La gestión del voto.
81. El voto debe ser secreto pero comprobable.
82. Voto Universal.
83. El voto electrónico.
84. El voto con garantías.
85. Garantías en el recuento.
86. Elecciones transparentes.

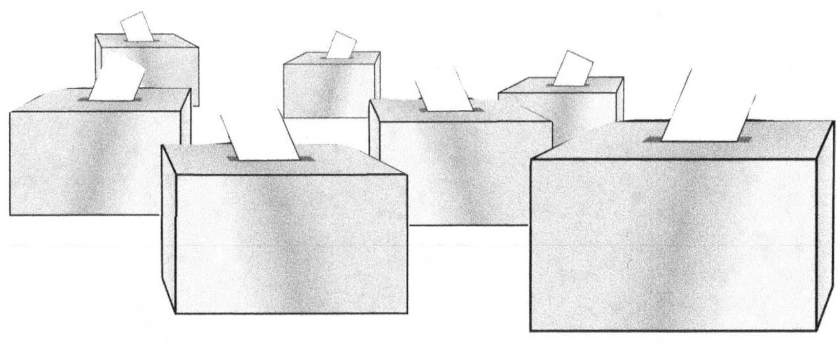

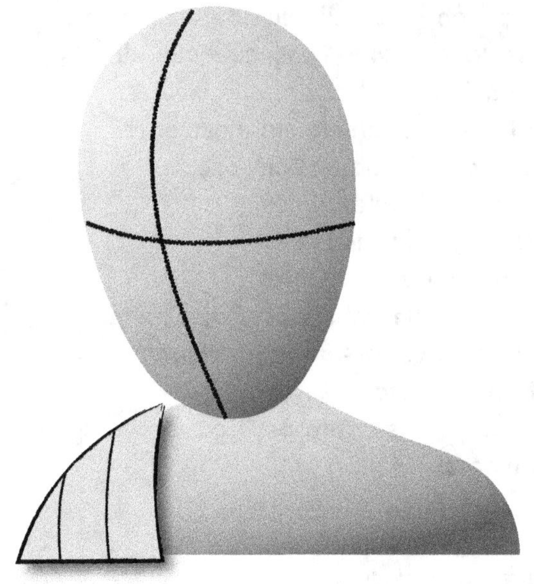

LAS ELECCIONES

Democracia no es un sistema de elecciones

Aunque todo el mundo piensa que la Democracia es un sistema donde se realizan elecciones, la realidad es que la Democracia no tiene nada que ver con las elecciones.

La Democracia es un sistema por el que la sociedad se organiza para garantizar la máxima cuota de libertad para las personas que componen esa sociedad.

Las elecciones son un método de elegir representantes.

Existe la posibilidad de que una Democracia se organice de muchas formas. Elecciones para elección de representantes es una opción, pero no la única, ni mucho menos.

Muchas personas entienden que si hay elecciones entonces hay Democracia.

Pero lo cierto es que hay muchas tiranías que celebran elecciones. Desde Corea del Norte a Cuba, Venezuela o Irán. Esas elecciones no convierten a las dictaduras en Democracias.

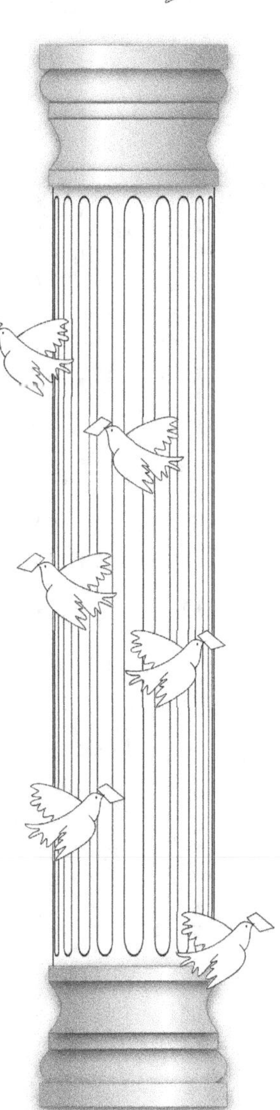

Las elecciones son consecuencia de la representación

Las elecciones se realizan para elegir representantes.

La elección de representantes tiene un origen histórico, condicionado a los medios existentes hace siglos.

Mucho ha evolucionado la tecnología y nuestras capacidades, pero seguimos pensando en usar sistemas antiguos, obsoletos, que no son realmente útiles para nuestro tiempo.

Una sociedad libre es una sociedad en evolución. Adapta medios y tecnologías para mejorar los sistemas de toma de decisiones y fortalecimiento de la libertad, la seguridad, el bienestar y la riqueza.

Mas allá de sistemas de representación existen métodos de organización y toma de decisiones mucho mejores y, por supuesto, más eficientes.

Tenemos un largo camino que andar.

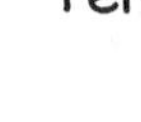

Es posible la Democracia sin elecciones

Un sistema democrático no tiene forma piramidal, porque no trabaja con jerarquías. Tiene forma de red, con nodos especializados y el poder muy fragmentado. No hay nodo de poder sin contrapoder y limitadores.

Alcanzar este sistema es factible con la tecnología actual.

No obstante, eso no significa que sea sencillo. Habrá que luchar contra los tres grandes enemigos: la ignorancia, la corrupción y la maldad.

Entendemos por maldad al grupo de personas que no dudan en hacer daño a los demás con el fin de imponer su voluntad.

Para alcanzar la meta de crear un sistema de gobierno en red, debemos fragmentar el existente, y crear contrapoderes. Y sin duda, como primeros pasos, disminuir el poder de los partidos políticos, eligiendo representantes mediante oposición y/o sorteo.

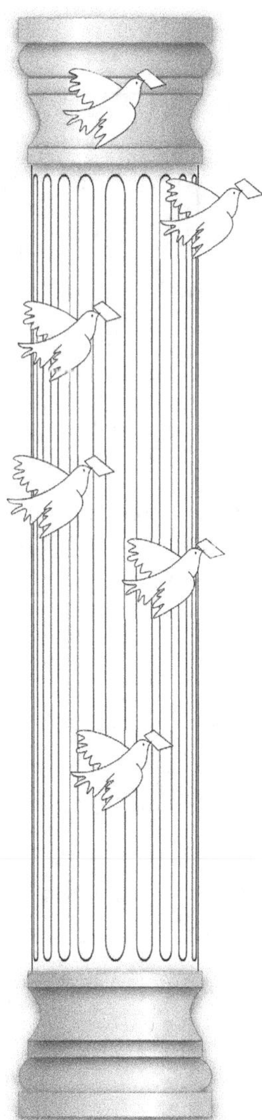

La lenta evolución de la Democracia

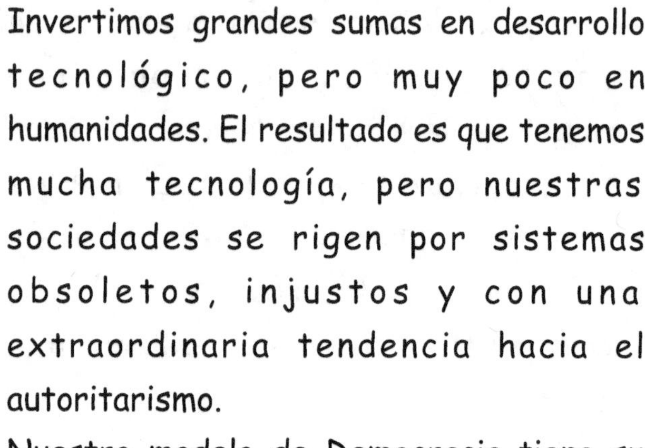

Invertimos grandes sumas en desarrollo tecnológico, pero muy poco en humanidades. El resultado es que tenemos mucha tecnología, pero nuestras sociedades se rigen por sistemas obsoletos, injustos y con una extraordinaria tendencia hacia el autoritarismo.

Nuestro modelo de Democracia tiene su origen en sociedades donde se viajaba a caballo y se navegaba a vela, no existían los aviones ni las telecomunicaciones.

Hasta el siglo XIX no aparece el correo postal. Con esos recursos, la organización de la Democracia era tan primitiva como la época. Y en los últimos 200 años apenas hemos cambiado una coma.

Imaginaos que no existe Google, Facebook, Apple, Microsoft, Amazon ... ni los aviones, ni internet, ni los coches, ni los ordenadores.... pues nuestra Democracia se encuentra en esa fase. No ha evolucionado.

¿Porqué hacemos elecciones?

Son varias las razones por las que hacemos las elecciones. Principalmente:

(1) Porque en todos estos años nuestras Democracias no han evolucionado.

(2) Porque no vivimos en Democracias, sino en un sistema confuso llamado Partidocracias, donde los Partidos Políticos tienen todo el poder, y usan las elecciones para transmitir el poder sin sangre.

En una Tiranía el poder solo se transmite con sangre. En una Partidocracia el poder se transmite por elecciones.

En una Democracia el poder esta tan fragmentado que no existe del modo en el que lo conocemos en la actualidad.

En el momento actual de nuestra historia, el mal menor es que existan elecciones para transmitir el poder. Pero si no trabajamos ahora para desarrollar la Democracia avanzada, veremos un futuro totalitario donde incluso las elecciones serán un sueño inalcanzable.

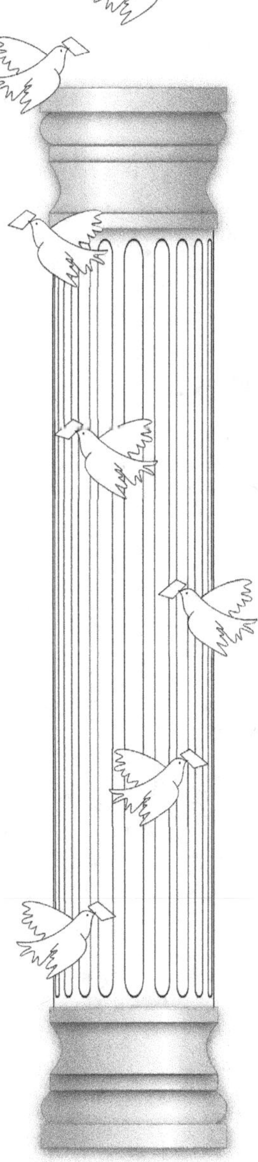

El S.XXI y las elecciones

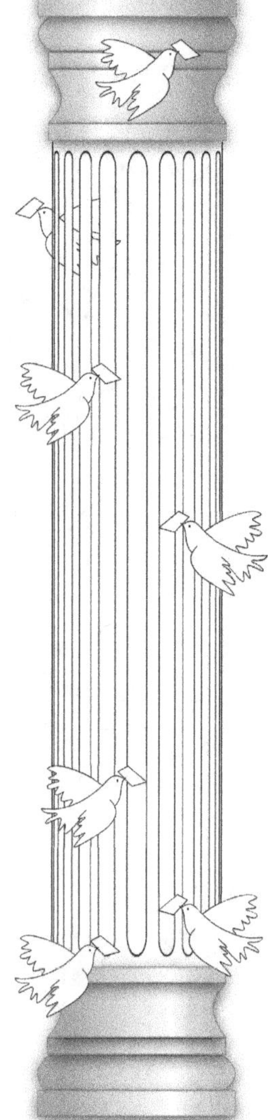

Las elecciones en las sociedades avanzadas deben evolucionar.

Elegir políticos para que durante un periodo aproximado de 4 años hagan lo que quieran, sin poderlos cambiar, ni poder exigir el cumplimiento de contratos, no es representación. El sistema que tenemos solo sirve para decidir quienes son los aristócratas que nos mandan por un período.

Las elecciones en el SXXI deben ser:

(1) Cómodas. Realizadas telemáticamente.

(2) Baratas. Sin los costes de llenar el país de urnas.

(3) Totalmente fiables. Sin posibilidad de manipulación de votos y resultados.

(4) Comprobables. De modo que cada ciudadano pueda chequear que su voto ha sido contabilizado tal y como lo emitió.

(5) Transparentes. Con toda la información en poder de los ciudadanos y la prensa.

Seguramente seguiremos con sistemas de elecciones en urnas por muchos años.

La Democracia evoluciona despacio.

Representación y candidatos

Si queremos avanzar en el desarrollo de la Democracia deberemos reducir el poder otorgado al sistema de representación. Y más exactamente, el poder que se han otorgado los Partidos Políticos a sí mismos.

Por ejemplo, las Cámaras podrían tener una composición mixta, con 1/3 elegida por el sistema de partidos políticos, 1/3 elegido por sorteo (representantes de la sociedad elegidos al azar) y 1/3 elegido por oposición (seleccionando personas competentes que hayan superado un sistema de pruebas).

Esto cambiaría la composición de las Cámaras.

También se podría fragmentar el legislativo separando funciones con Cámaras especializadas: Cámara para aprobar las leyes económicas, para el desarrollo democrático, seguridad, justicia social, educación, ...

La importancia de unas elecciones justas

La sensación de injusticia rompe el vínculo del individuo con la sociedad.

Cuando se vetan candidatos legítimos, se manipulan los votos y el recuento o se limita arbitrariamente la capacidad de ejercer el derecho al voto, estamos ante elecciones injustas.

La existencia de elecciones injustas implican mucho más que una pérdida de Democracia y Libertad. Implica la entrada en la tiranía.

Es obligación de las Democracias avanzadas establecer sistemas para validar elecciones en otras naciones sin recursos o experiencia. Porque las Democracias deben extenderse. Ya que permitir que existan en el planeta espacios sin libertad es consentir la vulneración del más fundamental de los derechos humanos. Si no se extiende la Democracia lo hará la tiranía.

La mayoría de naciones de este planeta carecen de elecciones justas.

El voto es una expresión de la voluntad

La Democracia se fundamenta en el respeto a la voluntad de los demás. Pero, ¿cómo se expresa esta voluntad?. Mediante el voto.

El voto es mucho más que una papeleta que se deposita en una urna para elegir políticos. El voto es la manifestación de la voluntad de las personas. Y puede expresarse de diferentes maneras.

En el SXXI debemos dar el paso al voto electrónico, lo que mejorará la seguridad y transparencia del sistema, al tiempo que lo abaratará. Y esta reducción del coste del voto es fundamental, ya que permitirá una manifestación mucho más frecuente de la voluntad de las personas.

Para garantizar la voluntad, el voto debe avanzar hacia la certificación.

Debemos encontrar la fórmula para que cada voto pueda ser certificado por un organismo independiente, que garantice el máximo respeto a la voluntad del votante.

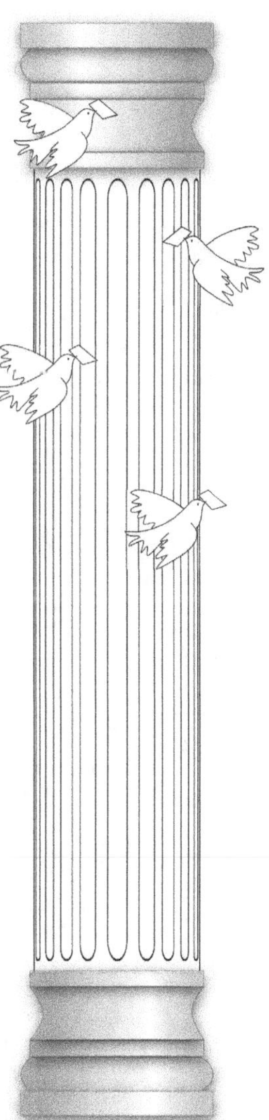

La gestión del voto

Los Estados actúan como gestores del voto de sus ciudadanos. En general, la incompetencia y la corrupción son causantes de que la voluntad reflejada (el resultado de la votación) solo coincida con la real (el recuento fiable de los votos emitidos) en un porcentaje, que a veces es minúsculo.

Los sistemas de recuento de votos en urnas son propensos a errores y manipulación. Y esto altera el resultado.

Los sistema usados en la actualidad para el voto electrónico no son transparentes y no ofrecen el adecuado nivel de garantías. Falta voluntad de implantar un buen sistema. Quienes manipulan las votaciones con el fin de alterar el resultado cometen crímenes contra la humanidad. Porque alterar el resultado de la manifestación de la voluntad de las personas es un ataque a su libertad.

La gestión del voto implica la responsabilidad de informar con fidelidad del resultado. Quienes no lo hacen son criminales.

El voto debe ser secreto pero comprobable

El secreto del voto tiene por finalidad proteger la voluntad del votante.

Con el secreto se trata de evitar coacciones para que el votante se manifieste en un sentido que no coincida con su voluntad real.

La sola existencia de la necesidad de un voto secreto nos muestra lo atrasados que están nuestras sociedades respeto a la convivencia en el respeto. En una sociedad donde todos respetaran la voluntad de los demás, el secreto no sería necesario. Pero en el mundo del SXXI, nuestro primitivismo es tan poderoso que el voto secreto es fundamental para garantizar un mínimo de respeto a la voluntad del votante.

Los Gobiernos corruptos y criminales utilizan muchas veces el voto secreto como medio de inventarse el resultado, ya que puede ser manipulado y nadie lo puede comprobar. Por ello, el voto debe ser secreto, pero comprobable.

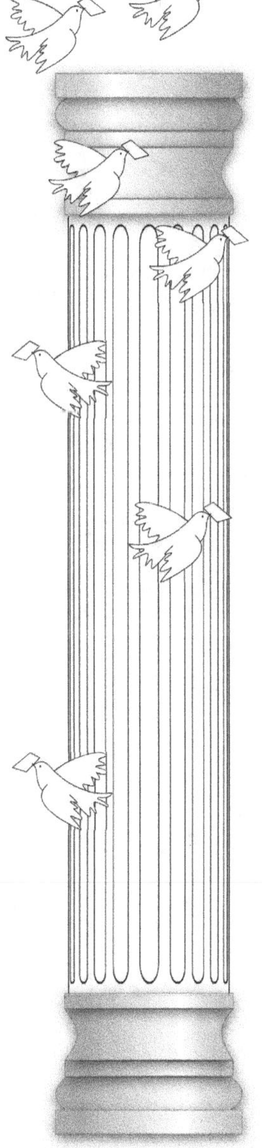

Voto Universal

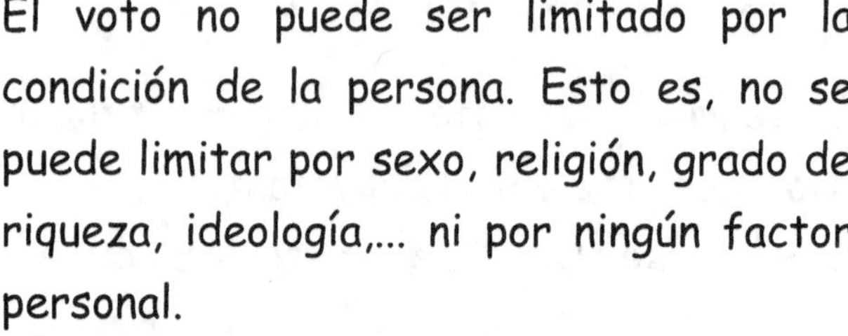

El voto no puede ser limitado por la condición de la persona. Esto es, no se puede limitar por sexo, religión, grado de riqueza, ideología,... ni por ningún factor personal.

No obstante, hay personas con su capacidad limitada.

(1) Limitación de capacidad por la edad. Estaremos de acuerdo en que un niño de 5 años no dispone de los conocimientos ni criterios para acudir a votar. Por ello, en todas las Democracias existe un limite de edad, a partir del cual se puede votar.

(2) Limitación de capacidad por enfermedad. Se daría en casos como un enfermo por Alzheimer, aunque en estos casos deberá ser un juez quien determine dicha incapacidad. Mientras un juez no limite, prevalece la voluntad del enfermo.

(3) Limitación judicial de derechos. Es la que los jueces pueden imponer a quienes cometen delitos.

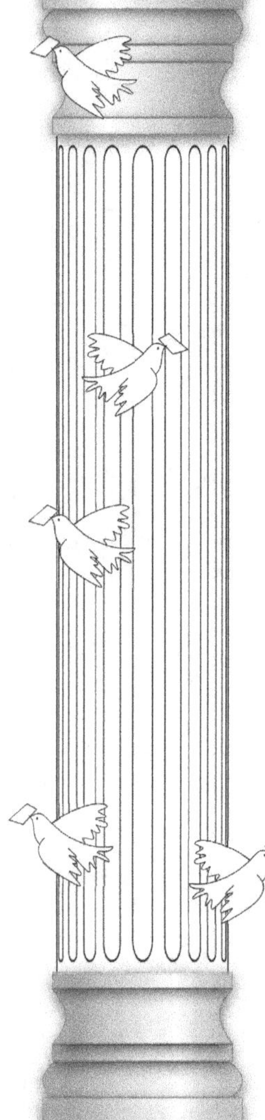

El voto electrónico

Pensamos en el voto electrónico como una forma cómoda de votar. Y sin duda lo es. Pero una ventaja muy importante es la reducción del coste del voto. Organizar una votación a nivel nacional es costoso. Votar dejará de ser algo que se hace aproximadamente cada 4 años. En el futuro podremos elegir votar sin representantes cuando queramos.

El voto electrónico también permitirá disponer de votos más seguros, fiables, comprobables y certificados. Las elecciones serán transparentes, sin posibilidad de manipulación. El hackeo de unas elecciones puede ser algo imposible con la tecnología adecuada. (Aunque se consiguieran hackear algunos votos, la trazabilidad y verificabilidad corregiría la situación sin dejar dudas).

Si en este momento no disponemos de sistemas eficaces de voto electrónico no es por falta de tecnología, sino por falta de voluntad política.

El voto electrónico es una estupenda herramienta para luchar contra el dominio de los partidos políticos, por esta razón no está implantado.

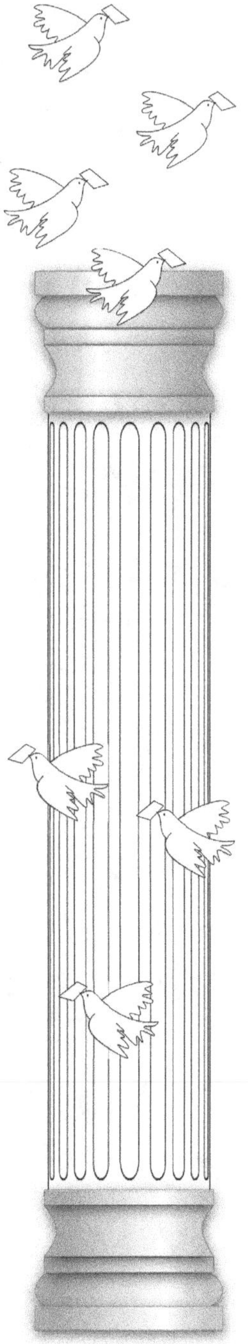

El voto con garantías

Si basamos la Democracia en la manifestación de la voluntad, es inaceptable que no desarrollemos los sistemas para garantizar el respeto a dicha voluntad. El voto debe estar garantizado contra su manipulación.

Las garantías deben contemplar tres aspectos:

- El primero jurídico. La manipulación del voto es un delito, y quienes lo hacen son criminales.
- El segundo debe ser técnico. Todo voto debe ser comprobable. Las votaciones deben ser transparentes.
- La tercera garantía debe ser organizativa. Terceros actores deben garantizar que el voto no ha sido manipulado y que el resultado de la votación es fiable. Estos actores actuarían como notarios de la votación, y dispondrían de la tecnología para verificar cada voto.

Así pues, todo voto debe ser universal, secreto, verificable y garantizado.

Las votaciones deben ser libres y transparentes.

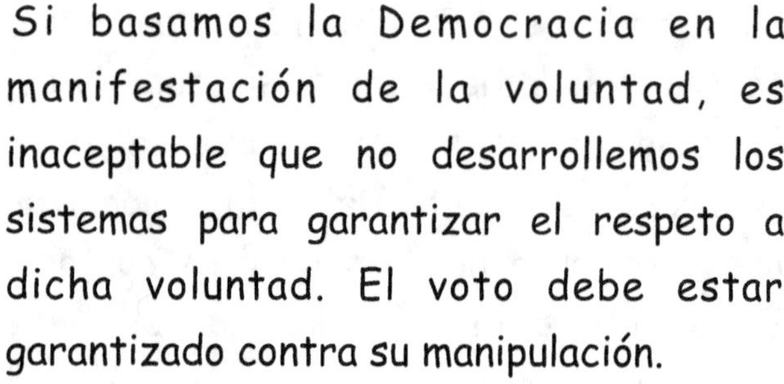

Garantías en el recuento

Todo votante debe ser informado sobre el resultado de la interpretación de su voto. Un voto puede ser interpretado como voto en blanco o nulo. Incluso puede ser interpretado en un sentido distinto al expresado.

Por ello es importante que todo votante conozca exactamente cómo ha sido interpretado su voto, y tiene el derecho a que, en caso de disconformidad, un sistema judicial independiente juzgue si la interpretación es correcta.

La sociedad debe conocer con certeza que el resultado de las votaciones ha sido calculado correctamente. Por ello es necesario el ejercicio de la transparencia. Toda la información de la votación (respetando el anonimato) debe ser puesta a disposición de la sociedad y los medios de comunicación. De tal modo que puedan comprobar que el recuento es totalmente correcto.

Elecciones transparentes

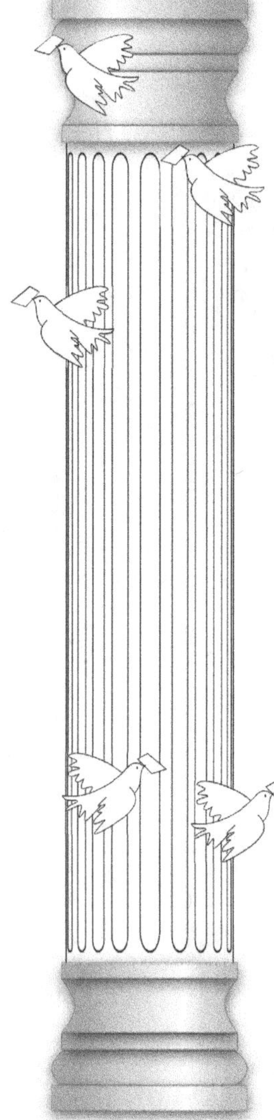

Unas elecciones transparentes son aquellas en las que la sociedad dispone de la información correspondiente para poder replicar el recuento y conocer la interpretación de cada voto.

La transparencia no implica la pérdida del secreto del voto. La información debe ser anónima, completa, fiable y comprobable. Solo el voto electrónico permitirá realizar esta operativa con costes muy reducidos.

El coste es importante, porque los recursos son limitados.

Cuanto más cercano a cero esté el coste, tanto más fácil será repetir el proceso cuantas veces sea necesario. La voluntad de las personas que componen la sociedad se podrá manifestar sin límites, y esto redundará en un incremento significativo del índice de Libertad de esta sociedad.

Recordemos que una sociedad es más libre cuanto más democrático es el sistema que la organiza.

CAPÍTULO

VIII

87. Somos seres vivos.
88. La Democracia y la distribución de la riqueza.
89. Las bolsas de pobreza indican que no hay Democracia.
90. Las Democracias crean, los tiranos saquean.
91. Los recursos son infinitos.
92. Capitalismo no es libre mercado.
93. Nuevas reglas para una nueva era.
94. Los impuestos pueden evolucionar, e incluso desaparecer.
95. Los trabajos desaparecerán, pero no la actividad humana.
96. No hay excusa, debemos acabar con la pobreza.

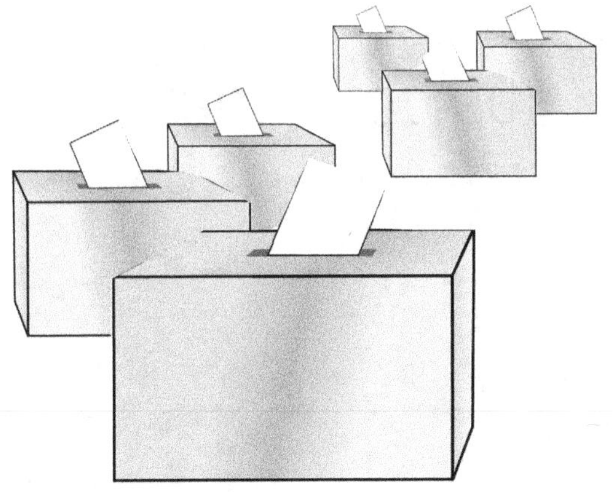

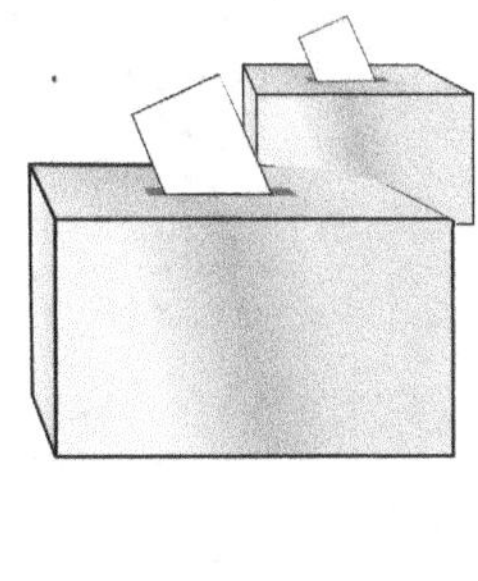

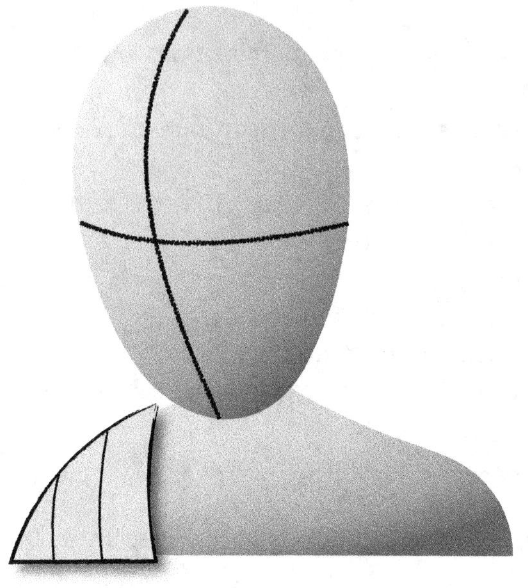

RIQUEZA Y JUSTICIA SOCIAL

Somos seres vivos

Parece una obviedad. Pero solemos olvidar lo obvio. Todos los seres vivos actúan bajo dos impulsos vitales: sobrevivir y obtener recursos. Eso es justo lo que hacemos los humanos.

Para sobrevivir, los organismos tratan de controlar su entorno. La mayor parte de las veces, controlando un territorio o al menos lo captan con los sentidos. Lo que requiere capacidad de capturar presas o la fuente de alimentación, evitar ser devorado por otros, y poder adaptarse al entorno. Además, los humanos somos primates superiores, lo que implica determinadas conductas grupales, donde las organizaciones son jerárquicas. El liderazgo y el dominio del grupo están en nuestros genes, no están diseñados para la Democracia, ya que nos impulsan a seguir a un líder. La Democracia funciona sin liderazgos. El liderazgo es la forma natural de la tiranía.

Pero la buena noticia es que como especie tenemos esperanza, porque el deseo de libertad también está en nuestros genes.

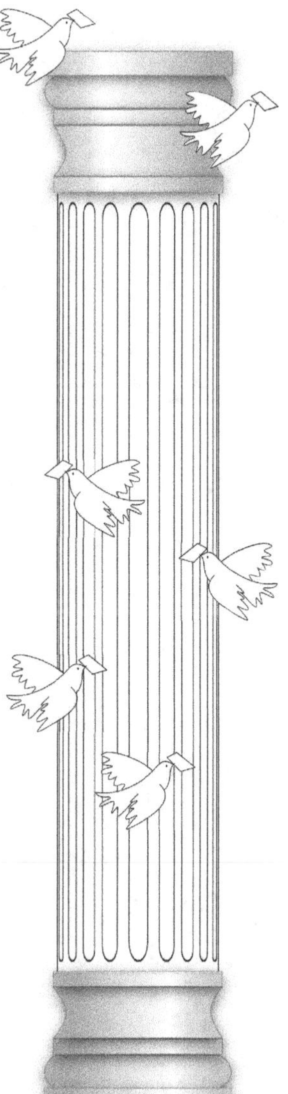

La Democracia y la distribución de la riqueza

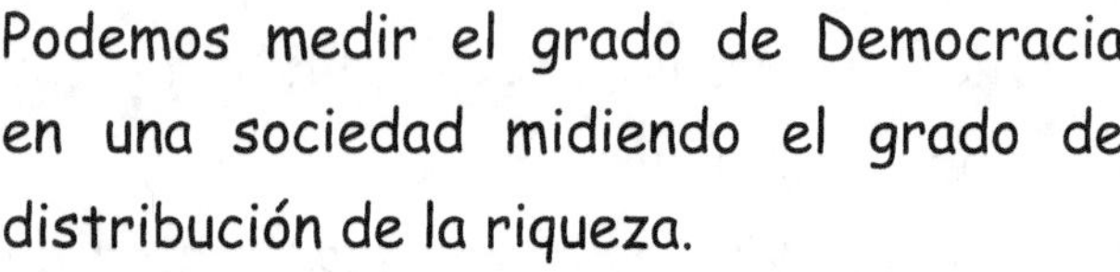

Podemos medir el grado de Democracia en una sociedad midiendo el grado de distribución de la riqueza.

La concentración de la riqueza solo es posible en un sistema que otorga privilegios. Una Democracia carece de privilegios, todos los ciudadanos compiten en condiciones de igualdad, y todos responden con igualdad ante las normas. En consecuencia, nadie dispone de un sistema para acaparar una gran fortuna sin que surjan competidores de inmediato. La consecuencia es que la riqueza no se concentra.

Esta es una de las razones por la que hay muchos partidos que se autodenominan democráticos y participan en elecciones, pero en realidad no creen en la Democracia ya que solo defienden los intereses de las élites. Estos intereses no son otra cosa que asegurar privilegios.

Las bolsas de pobreza indican que no hay Democracia

Las personas libres se unen en sociedad porque esperan obtener mayores cuotas de libertad y mejor acceso a los recursos. La pobreza es el síntoma del mayor fracaso en esa unión.

Las bolsas de pobreza son un clarísimo indicador de ausencia de Democracia.

Una sociedad que tiene un grado importante de concentración de la riqueza con importantes bolsas de pobreza no es una Democracia.

Este tipo de indicadores muestran un importante grado de desprecio hacia la Libertad y la justicia social.

Las sociedades ricas deben afrontar la concentración de la riqueza promoviendo sistemas de redistribución desde el Estado. No es un tema ideológico, ni siquiera moral. Es más sencillo, las bolsas de pobreza identifican la ausencia de Democracia y Libertad.

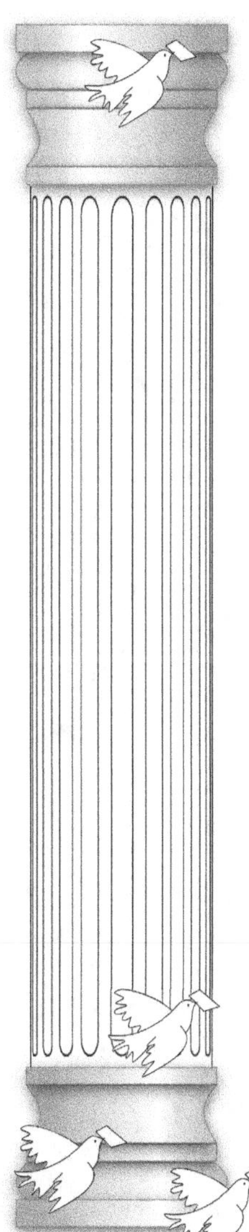

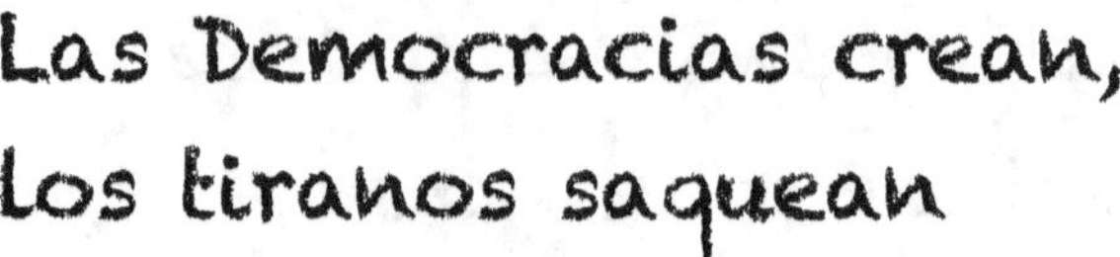

Las Democracias crean, los tiranos saquean

Existe una diferencia fundamental y profunda entre la economía de las Democracias y la de las tiranías. En Democracia, una sociedad libre colabora en el libre mercado (que no es lo mismo que capitalismo) para desarrollar una economía fuerte basada en la cooperación.

En las tiranías, su economía se basa en la cleptocracia de las élites que, con estructura jerarquizada y control de las fuentes de riqueza, se enriquecen y esquilman los recursos de la nación. Cuando no encuentran más recursos para mantener su sistema, recurren al saqueo y a la expansión.

Cuando las Democracias colaboran económicamente con los tiranos, lo único que consiguen es hacerlos más fuertes, aumentar la opresión sobre sus poblaciones y preparar un enemigo militar que muy posiblemente deberán combatir en el futuro.

Los recursos son infinitos

En un mundo donde el mensaje de Malthus es tan popular, la idea general es pensar que los recursos son escasos y limitados. Continuamente asistimos a las profecías de los agoreros que anuncian la inminente crisis de los recursos. Y continuamente aparecen nuevas tecnologías, nuevas fuentes, nuevos sistemas que retrasan su agotamiento.

Lo que es finita es la capacidad humana de obtener recursos en un momento dado. Esta capacidad esta limitada por la ineficacia en la gestión y la falta de mayor conocimiento.

En una Democracia, la sociedad colabora eficientemente para desarrollar nuevas tecnologías, trabajar con nuevos materiales y gestionar con mayor eficiencia.

Tenemos todo el cinturón de asteroides para realizar minería espacial, planetas enteros por explotar, océanos por descubrir. Un universo lleno de recursos está a nuestra disposición.

Capitalismo no es libre mercado

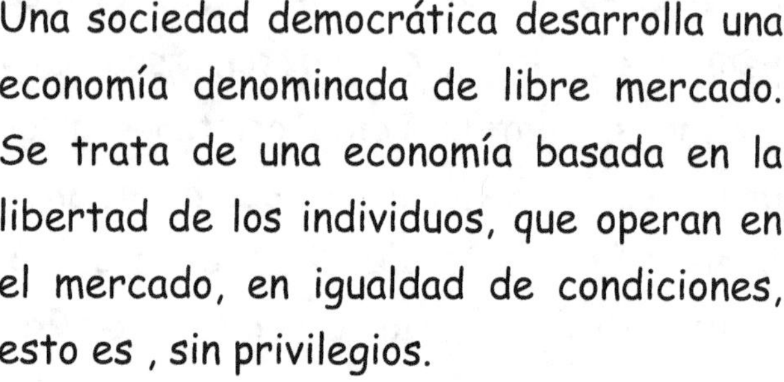

Una sociedad democrática desarrolla una economía denominada de libre mercado. Se trata de una economía basada en la libertad de los individuos, que operan en el mercado, en igualdad de condiciones, esto es , sin privilegios.

Nuestras economías no son de libre mercado. Son economías donde determinados actores disponen de privilegios que les facilita el acceso al capital y su actuación en el mercado.

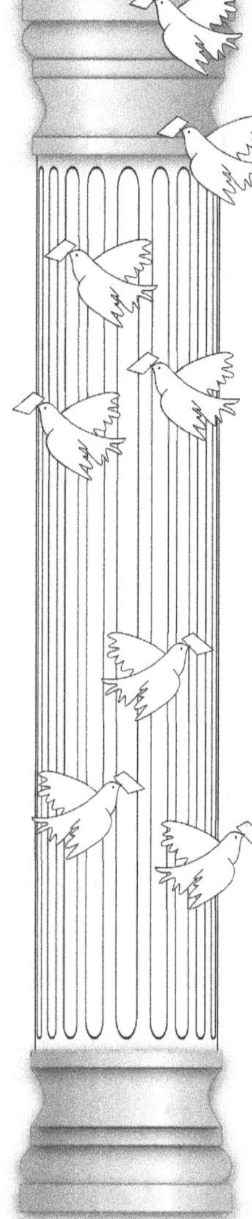

En occidente vivimos bajo economías capitalistas. (Los que viven sometidos a dictaduras sufren una economía peor, intervencionista extractiva).

El capitalismo se caracteriza por que los actores que se enriquecen son los que tienen acceso al capital. El acceso esta basado en privilegios. Estos privilegios suelen ser barreras invisibles, pero muy reales.

La mayor parte de la población está excluida de este acceso.

Nuevas reglas para una nueva era

En un mundo globalizado, alimentar dictaduras solo puede tener una consecuencia: conflictos y sufrimiento en las naciones sometidas por sus tiranos.

En una economía que se está robotizando, el empleo deberá de cambiar de paradigma.

En una economía donde el dinero se está virtualizando, el poder de los bancos centrales será cuestionado.

En una economía donde el intervencionismo y la corrupción política lo impregnan todo, necesitamos cambiar capitalismo por libre mercado.

Estamos entrando en una nueva era de la economía, que requiere nuevas reglas, y apenas hay Democracias que las impulsen.

Eso significa que la gran mayoría de gobiernos continuarán haciendo lo mismo, tozudamente, ya que el factor que les obligaría a cambiar, la Democracia, no existe.

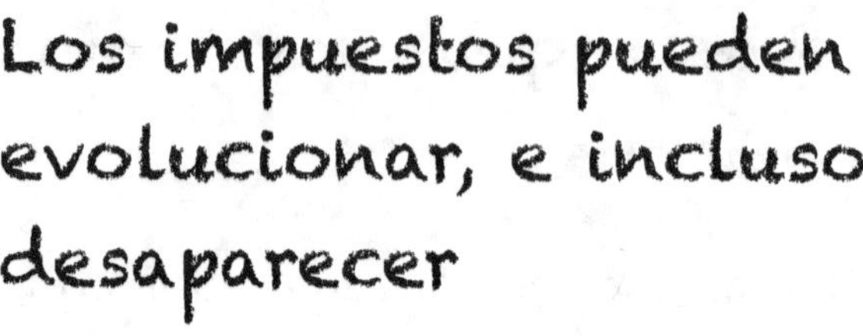

Los impuestos pueden evolucionar, e incluso desaparecer

Se suele decir que el nacimiento de la agricultura hace 10.000 años trajo consigo la aparición de los excedentes. Y deberíamos decir, que también de los impuestos.

El concepto de impuesto ha evolucionado en el tiempo, aunque el planteamiento es el mismo, quitar una parte a los que producen para mantener una minoría privilegiada y gobernante, y a todo el aparato de gobierno piramidal necesario para mantenerse en el poder.

Los impuestos hacen iguales a todas las ideologías. No importan las ideas cuando se trata de conseguir dinero para la aristocracia dirigente. Las ideologías siempre justifican los privilegios en la distribución de la riqueza.

En Democracia los recursos pueden provenir de muchas fuentes, los impuestos son solo una opción.

Los trabajos desaparecerán, pero no la actividad humana

La evolución de las herramientas ha sido imparable desde que los humanos aparecimos. Las primeras herramientas primero fueron manuales, y después automáticas al conectarlas a fuentes de energía. Estamos dando un paso más, y las vamos a conectar a la inteligencia artificial.

La nueva robótica será mucho más eficiente que los humanos para realizar la mayor parte de tareas que conocemos.

Si no avanzamos en Democracia, deberemos continuar sufriendo la incompetencia de nuestros políticos, y por lo tanto, ni entenderán el problema ni tendrán idea de cómo solucionarlo.

Los trabajos como los conocemos van a desaparecer. Pero eso no es el fin de la actividad humana. Tan solo es el comienzo.

Necesitamos la vitalidad y explosión de ideas de Democracias avanzadas para hacer frente a los nuevos retos.

No hay excusa, debemos acabar con la pobreza

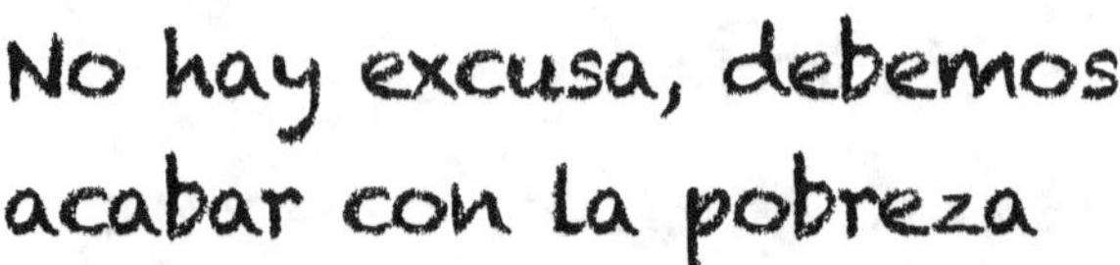
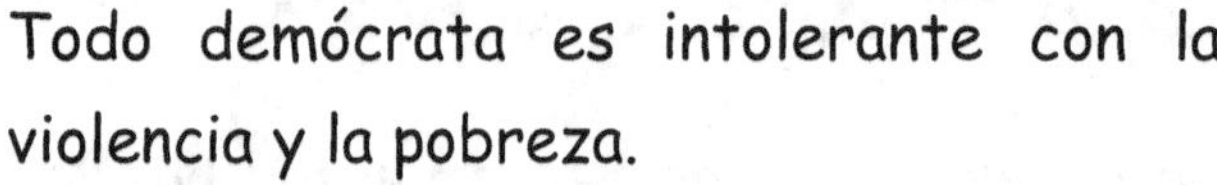

Todo demócrata es intolerante con la violencia y la pobreza.

Las sociedades donde existen no son Democracias.

En un mundo regido por dictaduras y partidocracias, es normal ver tanta violencia y bolsas de pobreza, incluso en naciones ricas, que se autodenominan Democracias. Pero hasta Corea del Norte se define como un república democrática. Una nación no es una Democracia porque se autodefina como tal, por mucho marketing que le ponga.

No existe justificación para la pobreza en una Democracia. Ni para la concentración de la riqueza.

Solo las sociedades que viven fuera de las reglas democráticas desprecian a los pobres y justifican su inacción para eliminar la pobreza de la sociedad. Es inmoral, pero lo más importante es que no es democrático.

CAPÍTULO

IX

CAPÍTULO IX
LA EDUCACIÓN

97. La Democracia se construye con la verdad.
98. La educación es la base de toda Democracia.
99. La educación es un derecho de toda persona.
100. El acceso a la educación.
101. Limitar el acceso a la educación es un crimen.
102. Diálogo y Debate.
103. El adoctrinamiento es un delito.
104. Enseñar qué es la Democracia.

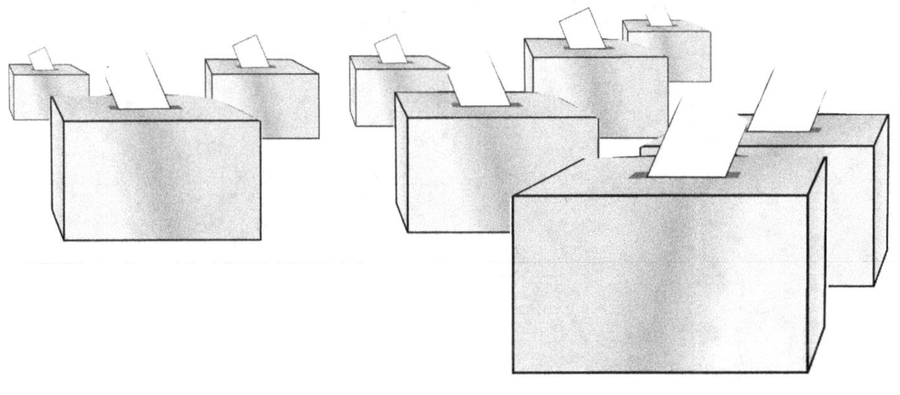

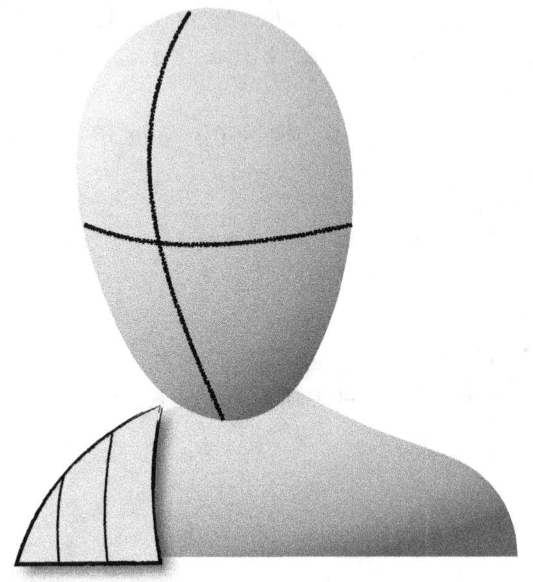

LA EDUCACIÓN

La Democracia se construye con la verdad

El valor de la verdad no es algo que se entienda igual en todo el planeta.

O quizás sea más apropiado decir que no es un valor compartido por igual.

Cuando el gobierno se basa en la manipulación, la verdad es un obstáculo.

Tiranías y Partidocracias mienten sistemáticamente a los ciudadanos. Son gobiernos opacos y manipuladores.

La verdad es la coincidencia entre lo que se afirma y la realidad.

Cuando se miente, se trasmite una información que no coincide con la realidad. Y ello altera el juicio a la hora de tomar decisiones. La mentira provoca que se adopten decisiones diferentes a las que se habrían adoptado disponiendo de una información correcta de la realidad. Proporcionar información falsa es un ataque a la libertad, ya que altera la capacidad de decidir. Una sociedad democrática solo puede funcionar con transparencia y sin manipulación.

La educación es la base de toda Democracia

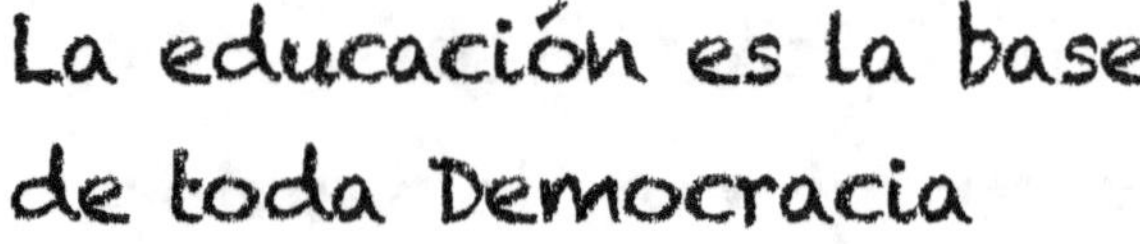

La Democracia es la forma de gobierno en las sociedades libres. Pero no puede existir si no existen demócratas.

Los demócratas no surgen debajo de las piedras. La educación es el camino.

Los sistemas educativos suelen ser muy permeables al adoctrinamiento, y en cambio, parece que cuesta educar en el respeto y en los principios básicos de convivencia.

Necesitamos explicar en qué consiste vivir en Democracia sin caer en ideologías, ni tratando de adoctrinar a los mas jóvenes en modelos políticos.

La Democracia es la única forma de gobierno que garantiza la libertad de sus ciudadanos. Pero no se puede construir por mandato, ni emitiendo una ley o una declaración.

Necesita una sociedad educada en el respeto.

Sin educación no hay demócratas ni Democracia.

La educación es un derecho de toda persona

La educación es el medio de transmisión del conocimiento colectivo de la humanidad.

Ha sido esta memoria colectiva la que nos ha permitido desarrollar la tecnología, el arte, la industria, las herramientas y los sistemas.

Todo cuando nos ha dotado de capacidades aprendidas para nuestra supervivencia como especie lo hemos recibido de quienes nos antecedieron, a través de la educación.

Esta transmisión de la herencia colectiva no puede ser negada a ninguna persona por su condición. Porque ese conocimiento pertenece a cada ser humano, sin excepción. Ha sido confeccionado por la Humanidad. Cada uno de nosotros es propietario de éste conocimiento colectivo. Nos pertenece como especie.

No acceder a este conocimiento envía a las personas a la pobreza y la manipulación. Es privarles de su libertad.

El acceso a la educación

Garantizar el acceso a la educación para todas las personas es un deber de las sociedades democráticas. Es parte esencial del contrato social. Porque sin educación no pueden existir demócratas en la sociedad. Y sin demócratas, la Democracia es imposible.

El derecho a la educación es fundamental para el mantenimiento de una sociedad democrática. Únicamente los gobiernos no democráticos tienen interés en restringir este derecho. Diseñan sistemas que facilitan a los hijos de las élites un alto nivel de educación, dejando bajos niveles para el resto de la sociedad. Es la semilla del dominio.

La educación elitista no es Democracia, es preparar seres humanos para establecer gobiernos jerárquicos y clasistas. La base de las partidocracias y tiranías.

Una educación democrática es universal y promueve los valores de convivencia y respeto, entrena en el diálogo y el debate, la asertividad, la creatividad y la crítica.

Limitar el acceso a la educación es un crimen

Limitar el acceso a la educación o adoctrinar son crímenes contra las personas.

Hay muchas formas de limitar el acceso a la educación. La más obvia es prohibirlo, pero la más usual es poner barreras económicas y clasistas.

Toda Democracia debe garantizar el acceso de todos los ciudadanos a la educación. Entendiendo por educación mucho más que saber leer y escribir. El siglo XXI requiere amplios conocimientos y capacidades.

Los movimientos conservadores son clasistas, elitistas y adoran las barreras económicas.

Los movimientos de izquierda son homogeneizadores, desprecian el talento, igualan por debajo generando mediocres.

La Democracia elimina las barreras de acceso, proporciona respuestas a la diversidad, potencia las capacidades.

Sin impedimentos. Sin ideologías.

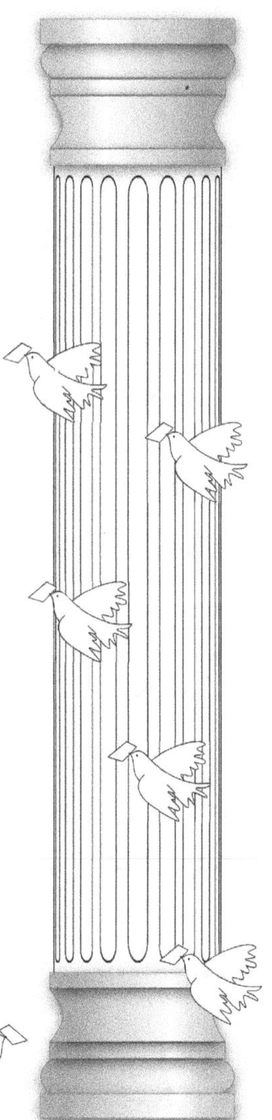

Diálogo y debate

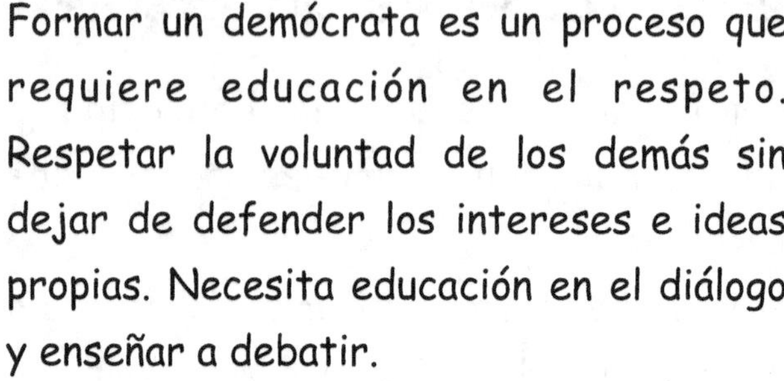

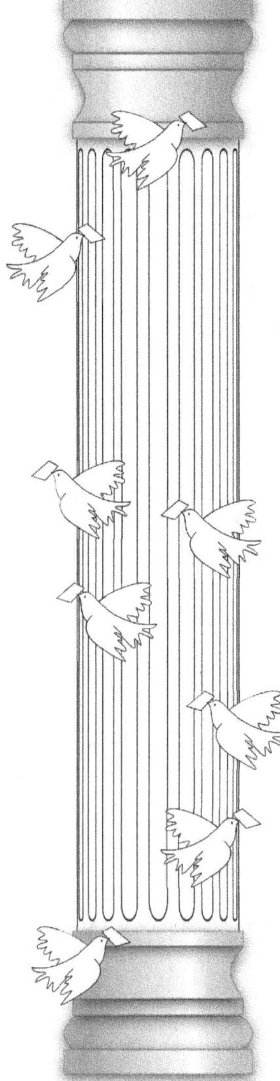

Formar un demócrata es un proceso que requiere educación en el respeto. Respetar la voluntad de los demás sin dejar de defender los intereses e ideas propias. Necesita educación en el diálogo y enseñar a debatir.

La educación es una potente herramienta de convivencia.

En las partidocracias avanzadas y en las tiranías el diálogo es innecesario. La manipulación y el adoctrinamiento ocupan el espacio de la educación. Los hijos de las élites son educados en centros pensados para enseñarles a mandar.

Nuestro mundo no es una Democracia y la educación dista mucho de ser democrática en su aplicación y en sus valores.

Si queremos crear generaciones de demócratas deberemos hacer un enorme esfuerzo en educar a las nuevas generaciones en el diálogo, el debate y el respeto.

El adoctrinamiento es un delito

Una doctrina es un conjunto de ideas que se asumen como verdaderas por su autor.

La doctrina se basa en la posesión de la verdad. Cualquier idea que no se ajuste a la doctrina es vista por sus seguidores como algo a combatir, ya que solo ellos, los seguidores de la doctrina tienen la verdad.

Es lo más opuesto que existe al conocimiento científico. Por ello, las religiones y la política viven un profundo divorcio con la ciencia.

La Democracia se basa en la ciencia y en el conocimiento científico, donde no existe la verdad, sino premisas falsables. Toda teoría científica está siempre en cuestión, no importa quién sea su autor.

El adoctrinamiento conduce a la tiranía, ya sea política o religiosa.

Adoctrinar debe ser delito en cualquier Democracia avanzada.

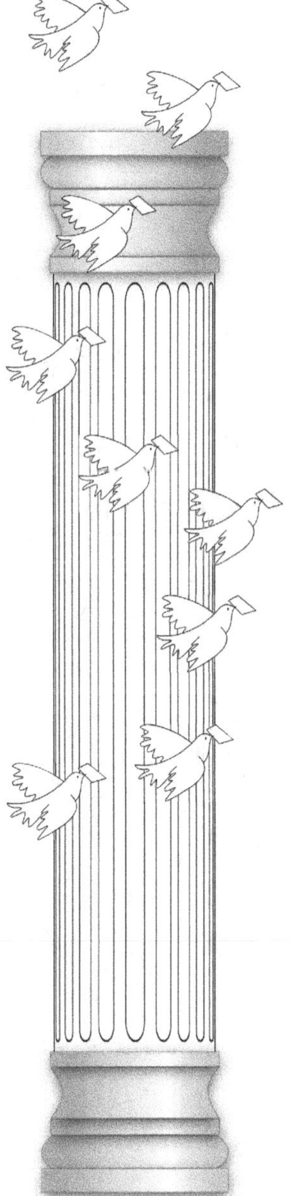

Enseñar qué es la Democracia

Se han dicho tantas mentiras sobre la Democracia que las personas no saben en realidad en qué consiste.

Piensan que es un sistema donde se eligen a los gobiernos por elecciones. Lo que está muy lejos de la realidad.

La Democracia es el sistema por el que una sociedad se organiza para alcanzar el máximo grado de libertad de las personas que componen dicha sociedad.

Esto tiene consecuencias a efectos de los derechos humanos, de la forma de tomar decisiones, del trato entre los miembros de la sociedad, de la economía, de la justicia social, de la gestión de los recursos,... y de todas las actividades colectivas. No estamos enseñando que es Democracia en las escuelas. Y cuando se hace, lo que se enseña es ideología, se adoctrina, se miente. Por esa razón no vivimos en Democracias, sino en partidocracias, los más afortunados, y en tiranías, los menos afortunados.

CAPÍTULO X

CAPÍTULO X
LAS COMUNICACIONES

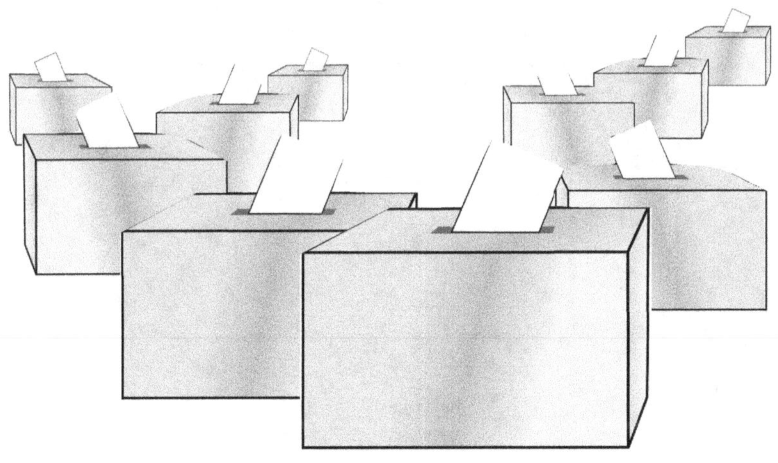

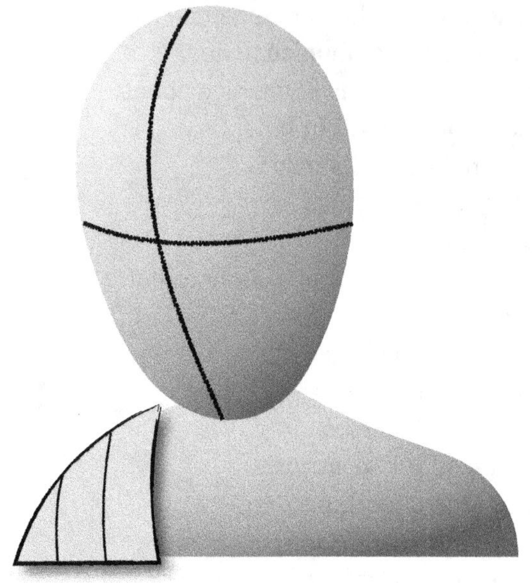

LAS COMUNICACIONES

Comunicaciones en la Democracia

La comunicación entre personas es un ejercicio básico de la libertad, la libertad de comunicación.

En una sociedad libre, en Democracia, todos los ciudadanos tienen derecho a comunicarse privadamente, sin limitaciones ni interferencias.

La comunicación es un acto fundamental para la construcción de la voluntad colectiva. Por éste motivo, los sistemas autoritarios someten las comunicaciones a controles y limitaciones.

No existe ninguna justificación para limitar ni interferir las comunicaciones en Democracia. Excepcionalmente los jueces pueden limitar este derecho bajo circunstancias muy especiales.

Las Partidocracias en las que vivimos y las tiranías, bajo las que son sometidos los menos afortunados, intervienen las comunicaciones, siempre bajo la falaz excusa de la seguridad. No es cierto, es solo una justificación.

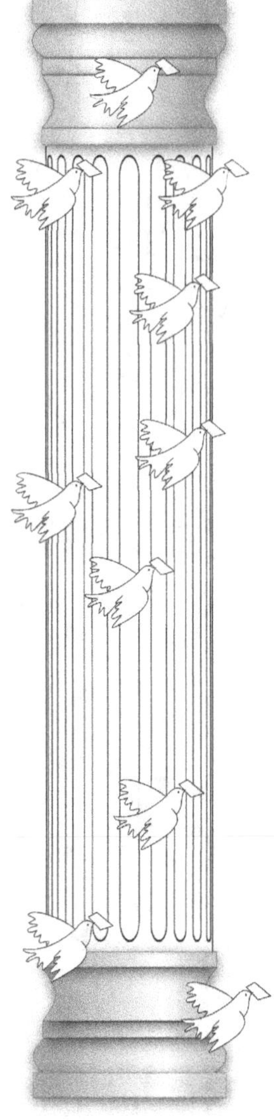

Protección de las Comunicaciones

Las comunicaciones deben ser protegidas en una Democracia. Esto significa que las personas deben poder comunicarse libremente sin la interferencia ni el control del Estado ni de los delincuentes.

Del mismo modo que era delito interferir las comunicaciones postales en el pasado, en nuestros días es delito interferir o controlar las comunicaciones de los ciudadanos.

En las partidocracias y las tiranías, la normativa no contempla como delito interferir las comunicaciones.

Es mas, es el propio Estado el que impide las comunicaciones seguras con la finalidad de poder controlarlas. Esto facilita la labor de los delincuentes, ya que la encriptación no es la forma normal de transmitir los mensajes.

Son nuestros propios gobiernos los que, en vez de proteger, debilitan nuestro sistema de comunicaciones.

Control criminal de las Comunicaciones

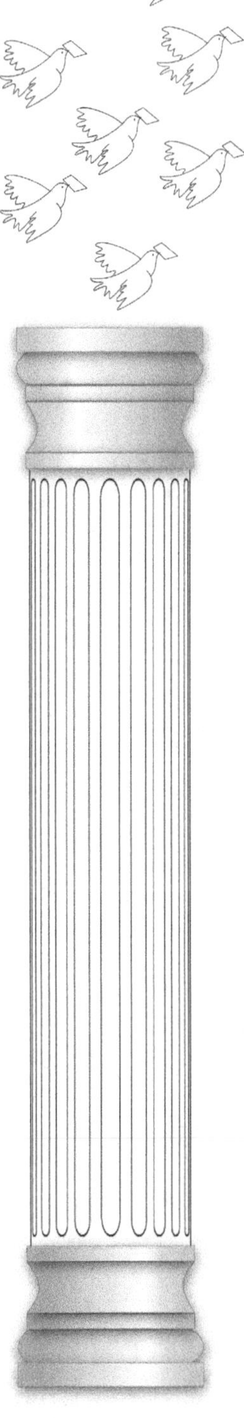

La justificación con la que todos los gobiernos mantienen el control sobre nuestras comunicaciones es: la lucha contra la delincuencia y el terrorismo.

Con esa finalidad, eliminan la seguridad de nuestros sistemas, y nos exponen precisamente a la acción de delincuentes. Ese control es un crimen.

Para entenderlo, a modo de ejemplo, imagina que en el pasado, en vez de proteger el servicio postal, el Estado hubiese obligado que todos usasen postales sin ensobrar en vez de cartas. Cualquiera que cogiera una postal podría leerla sin dificultad. No existiría el secreto de las comunicaciones.

Nuestras comunicaciones electrónicas, por deseo de nuestros gobiernos, no son cartas enviadas en sobres cerrados, sino postales abiertas de fácil lectura.

Estamos expuestos por nuestros gobiernos, para poder ser controlados.

¿Seguridad versus Libertad?

No importa cuan insistentemente los Gobiernos lo repitan. Entregar nuestra libertad a cambio de seguridad no es una opción. Además de ser innecesario, porque podemos tener mayor seguridad cuanto mayor sea nuestra libertad. Limitar nuestra libertad tiene el efecto contrario, ya que limita nuestra capacidad de actuar, y en consecuencia, de defendernos.

Con menos libertad somos mas vulnerables. Y es justamente eso lo que pretenden, una sociedad de miembros vulnerables y controlados.

Controlar las comunicaciones para garantizar nuestra seguridad es una gran mentira que no persigue otro fin que reducir nuestra libertad.

Los que controlan el Estado están al frente de una maquinaria que extrae recursos de la sociedad, no les interesa una sociedad libre que pueda pulsar el botón de STOP de la máquina.

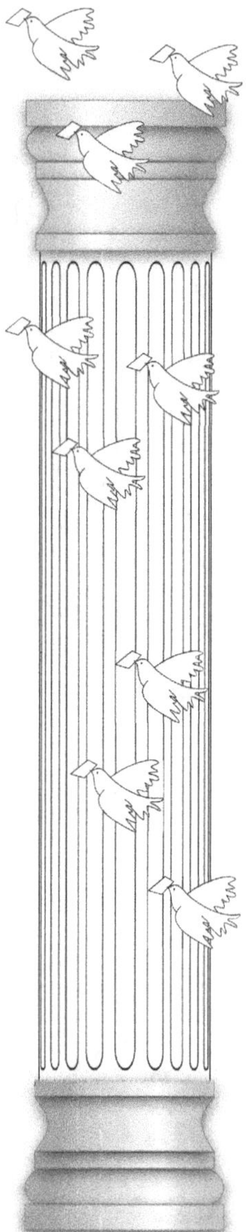

La importancia de la verdad

La verdad es la adecuación entre lo expresado y la realidad.

Para ejercer la voluntad, los hombres libres deben tomar decisiones, que cuando no están basadas en información real tendrán una consecuencia diferente de la deseada.

Mostrar una realidad diferente para que se tomen decisiones no deseadas es un modo de forzar la voluntad de las personas. Es mentir y manipular.

La convivencia en Democracia tiene por objetivo conseguir el mayor grado de libertad para sus ciudadanos. Esta libertad implica poder tomar las decisiones que entre todos consideren mas adecuadas. Manipular la información sobre la realidad destruye esa capacidad, y en consecuencia no existe Democracia, ya que la sociedad no es libre, sino manipulada. Forzada a decidir en un sentido diferente a su voluntad real.

Los datos y la privacidad

La privacidad y la información personal generada por los ciudadanos, en Democracia pertenecen a los ciudadanos que la generan. Porque esos datos forman parte de su esfera personal, que debe ser respetada por los demás.

Violar la privacidad es mucho más que una falta de respeto, afecta a la voluntad de la persona, que es doblegada sin acuerdo. Solo cuando una persona lo autoriza, o directamente muestra su privacidad, es aceptable.

Los datos generados, desde salud a gastos o preferencias, solo deben ser públicos cuando el ciudadano libremente lo decida.

No se pueden obtener datos de terceros sin consentimiento.

Debe existir el acuerdo. En Democracia el acuerdo es un requisito indispensable.

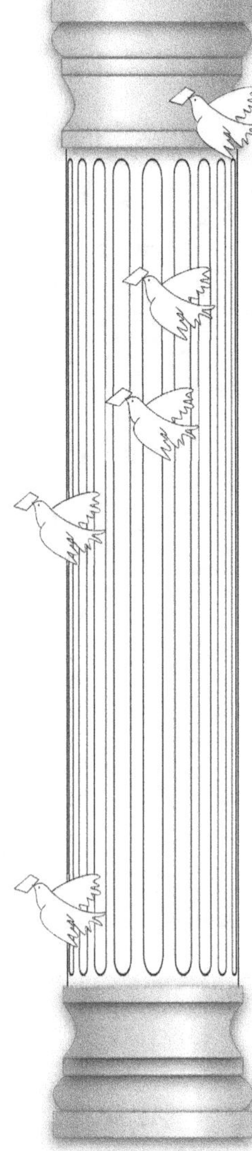

Transparencia

En una sociedad democrática la información sobre la gestión pública debe estar abierta al acceso de todos los ciudadanos.

La gestión de los recursos y las actividades del Estado no pertenecen al Gobierno, sino que se realizan en nombre de los ciudadanos, a los que se les debe informar, por ser el resultado de un mandato ciudadano.

La transparencia facilita el conocimiento de los errores (para su corrección) y de la corrupción (para su erradicación).

Las reglas de trasparencia no pueden ser elaboradas por quienes son el objeto de las mismas. Cuando en su elaboración intervienen los mismos partidos políticos que designan al gobierno y al legislativo y nominan jueces, estas reglas son inútiles e inválidas.

Sólo en Democracia puede existir la transparencia, ya que solo en Democracia existe la separación de poderes.

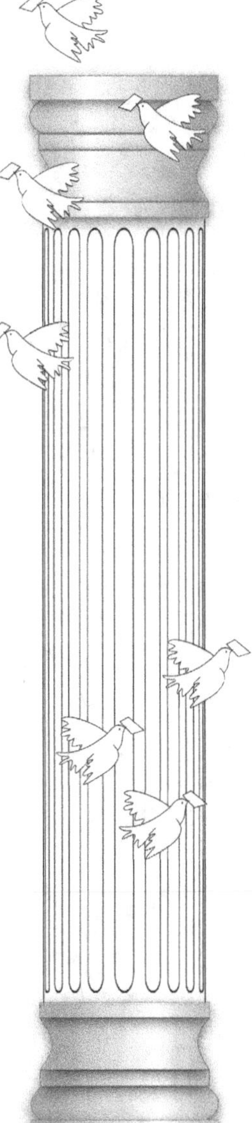

La prensa tiene un papel fundamental

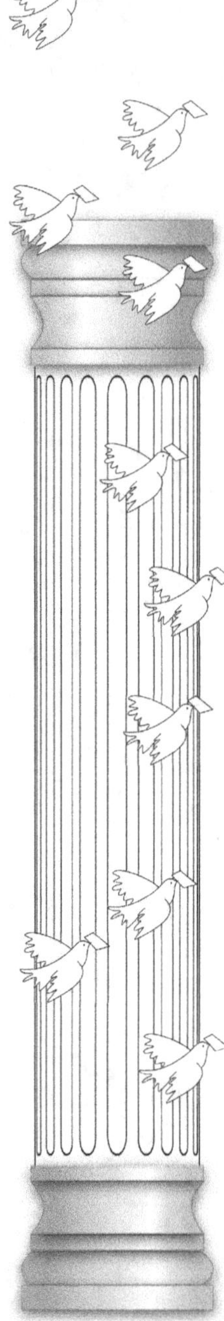

Aquí hablamos de prensa en un sentido amplio, no solo nos referimos a la prensa escrita, también televisión, internet, radio,... todos los medios de difusión de noticias.

Estos medios de comunicación informan a la sociedad. Su papel es muy importante, porque la sociedad necesita esa información para tomar decisiones correctas.

La prensa constituye un poder, ya que son formadores de opinión.

La prensa libre lidera la libertad de expresión, comunicación e información.

La prensa forma parte de la primera linea de defensa de la Democracia, debe ser protegida.

Pero también tiene responsabilidad por sus acciones. Difundir información falsa es un delito que debe ser perseguido.

No es admisible la difusión de mentiras a través de la prensa ni otros canales de comunicación.

Fake News

Mentir y difundir información falsa son ataques a la Democracia. Persiguen manipular la voluntad de los ciudadanos para que decidan de forma distinta a su criterio y se enfrenten a consecuencias indeseadas.

Es manipulación, y la Democracia lo debe perseguir como delito.

Los medios de comunicación y difusión de noticias e información deben ser garantes de la veracidad de la información aportada a la sociedad, y responsables ante la difusión de fake news.

Independientemente de quién genere la información, al final accede a la sociedad a través de canales. Ningún canal puede pretender ser el único transmisor neutral.

No existe la neutralidad en la transmisión de información a la sociedad.

En Democracia, por el principio de libertad responsable, quien difunde información es responsable de la información que difunde.

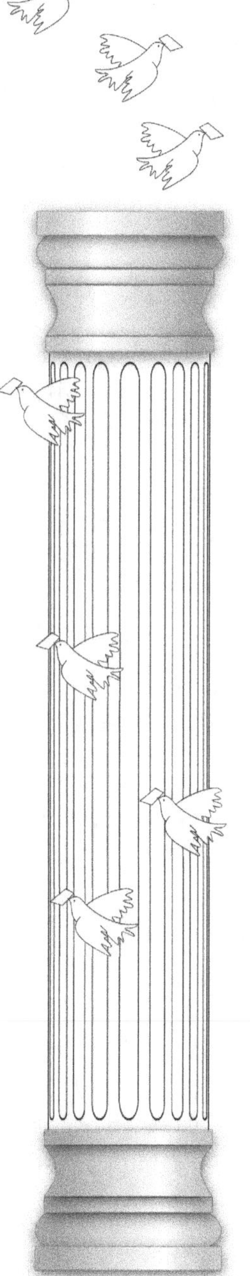

Libertad de Expresión

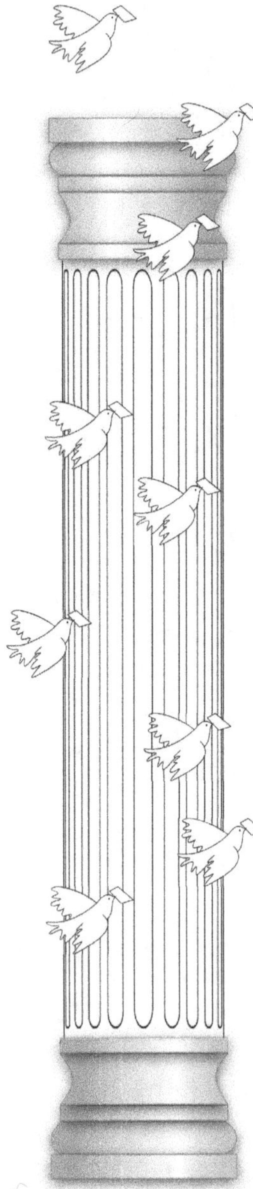

La libertad de expresión no tiene límites. No podemos vetar expresiones en una sociedad libre. Lo que no implica que determinadas expresiones puedan afectar a la libertad de otras personas, y en estos casos debe estar regulada la protección de los derechos de todos.

Ser libre implica ser responsable de los propios actos.

Como sociedad, la libertad de expresión no puede ser limitada. Pero cada individuo de la sociedad debe ejercer sus derechos sin atacar o restringir derechos de otros.

Los delitos de difamación, amenazas, intimidación,... están pensados para proteger a las personas.

Cuando una persona comete un delito y libremente hace daño a terceros, debe responder.

La libertad de expresión no puede ser una excusa para cometer delitos.

La libertad no tiene limites, pero ser libre implica ser responsable de los propios actos.

El Derecho a Disentir

La mayor debilidad de las tiranías está en su incapacidad para rectificar y evitar errores. Nadie se atreve a llevar la contraria al líder. Por absurda y estúpida que sea su decisión.

Una importante virtud de la Democracia es precisamente su capacidad de rectificar para subsanar errores. Y esto lo consigue dando voz a quienes disienten.

Es importante tener en cuenta las opiniones de quienes piensan diferente, ya que en Democracia no hay un líder ignorante que se cree en la posesión de la verdad. (Bueno ... no siempre).

Contrastar opiniones ayuda a encontrar mejores caminos y soluciones. El debate fortalece las ideas más solidas y muestra las debilidades de ideas no sostenibles.

El derecho a disentir es otra forma de expresar la libertad. Ya que el que disiente expone su pensamiento y voluntad.

Perseguir el disentimiento es un claro síntoma de que la sociedad carece de Democracia.

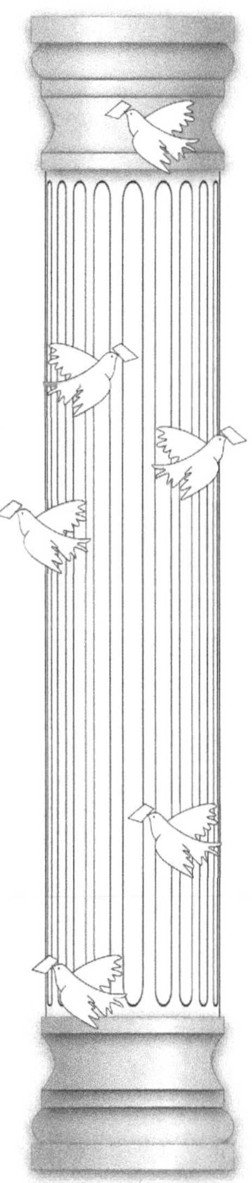

La Prensa, ese incordio

La prensa tiene la obligación de molestar al poder. La prensa amable con el poder no realiza su función. Ya que la corrupción necesita oscuridad, y <u>la prensa pone el foco allá donde no hay luz</u>. La prensa nos ayuda en la lucha contra la corrupción.

Los medios de comunicación dependientes del Estado no son prensa, ni medios de comunicación, son medios de propaganda. La propaganda desde el Estado es inadmisible en una Democracia.

La prensa solo debe ser leal a la información real. Cualquier otra lealtad la descalifica como prensa y la convierte en un medio de propaganda.

Una Democracia debe desarticular los medios de propaganda, ya que no se fundamentan en la obtención de información de la realidad y su divulgación, sino en la manipulación.

La prensa proporciona a los ciudadanos el contacto con la realidad. Los medios que no cumplen su función están destruyendo la Democracia.

Debemos proteger la prensa

La Democracia dispone de medios de información. Las tiranías y las partidocracias tienen medios de propaganda. ¿Dónde radica la diferencia? En la independencia de los medios. Ningún medio que dependa del poder será crítico con el poder.

La independencia de la prensa es necesaria para garantizar el acceso a una información acorde con la realidad.

En Democracia debemos proteger a la prensa de las injerencias del poder político. Dos son las áreas que requieren protección: la libertad de expresión y la independencia de la prensa.

Una prensa libre e independiente que pueda trabajar sin trabas políticas es un potente contrapoder. Y como poder que es, también tiene contrapoderes. Además, nuevos contrapoderes pueden ser creados, como por ejemplo, un organismo que vigile y exija responsabilidades cuando se difunden fake news.

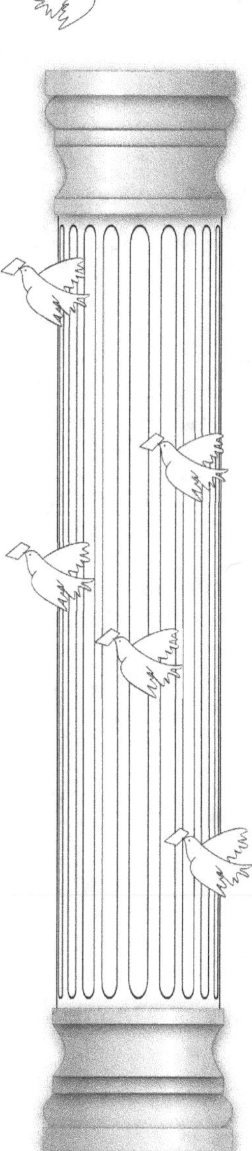

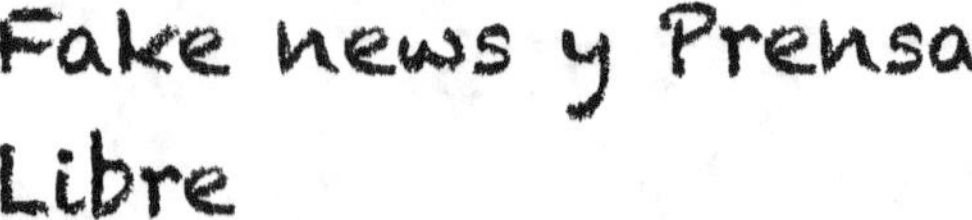

Fake news y Prensa Libre

Fake news son solo mentiras. Siempre han existido. Hay quienes mienten para conseguir sus fines. No es algo nuevo, la mentira acompaña a la humanidad desde el nacimiento del lenguaje.

Lo nuevo es que potencias extranjeras la utilicen en el ciberespacio para manipular poblaciones de otros países. La mentira ha derivado en una nueva forma de guerra entre estados.

La prensa libre es la mejor vacuna contra las fake news.

En Democracia la prensa libre solo difunde informaciones que concuerdan con la realidad, y filtran y apagan las fake news.

La existencia de fake news son un síntoma de ausencia de Democracia.

Los sistemas que permiten su existencia no actúan según las reglas de la Democracia, que requieren que la información que recibe la sociedad permita tomar decisiones adecuadas.

La Prensa debe ser Independiente

La educación cuando no es independiente es adoctrinamiento.

La justicia, cuando no es independiente es sometimiento.

La prensa, cuando no es independiente es propaganda.

Los poderes y contrapoderes en Democracia deben ser independientes. Esa independencia es la que permite su normal funcionamiento y la supervisión de los contrapoderes.

La prensa dependiente no tiene por objetivo difundir información, sino cumplir con el mandato del amo.

La Democracia necesita una prensa libre e independiente y debe articular las medidas necesarias para garantizar esta independencia.

Es posible garantizar la independencia de la prensa. Para que esta garantía sea una realidad es necesario que la sociedad comprenda la importancia de su función.

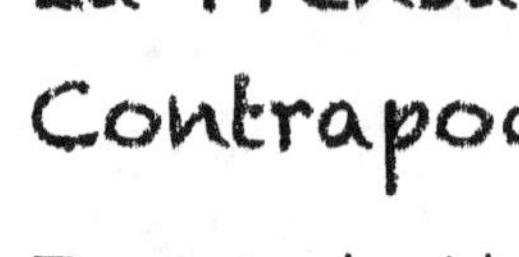

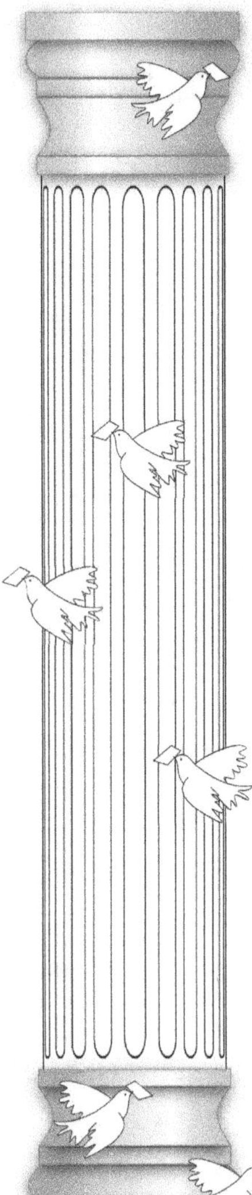

La Prensa es un Contrapoder

Tenemos la idea errónea de que los contrapoderes forman parte del Estado. Durante mucho tiempo los políticos han tratado de confundir a la población con el mensaje de que hay un Estado y una sociedad Civil. Y que la Democracia la regula el Estado.

Es completamente falso. La Democracia no necesita los Estados porque es un sistema de organización de la sociedad, no es una forma de organizar el Estado. La Democracia no separa sociedad civil del Estado. La sociedad es un todo, no está fraccionada.

Por lo tanto, lo que llamamos sociedad civil es generadora de poderes y contrapoderes. La prensa libre e independiente es un poder.

La prensa estatal no es independiente, ni es un contrapoder. No es Prensa, es un organismo de propaganda, su objetivo no es la información veraz, sino la manipulación.

CAPÍTULO

XI

CAPÍTULO XI
INTOLERANCIA A LA VIOLENCIA

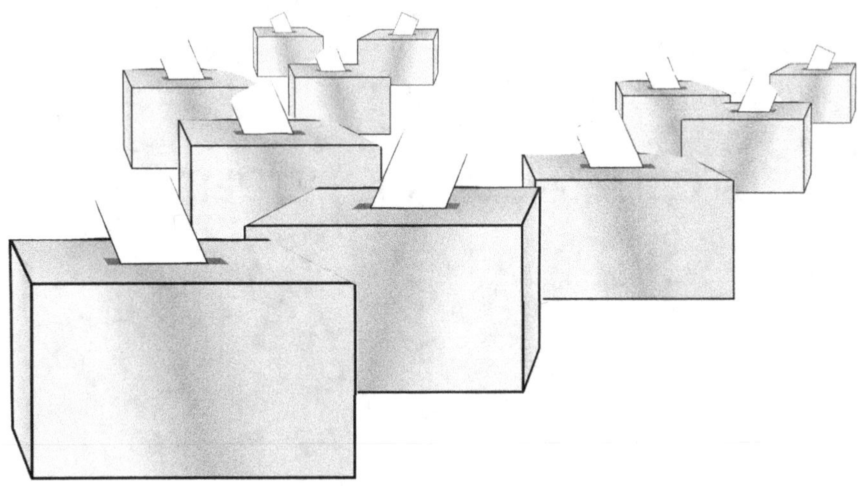

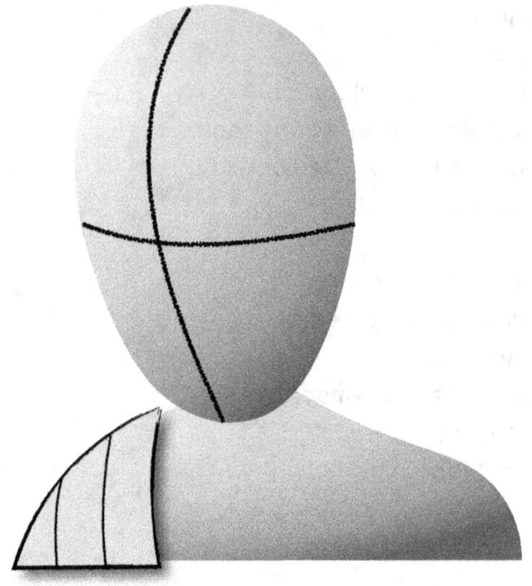

INTOLERANCIA A LA VIOLENCIA

La Violencia

En una Democracia no hay espacio para la violencia, que es la mayor de las agresiones a la libertad, donde el respeto queda completamente destruido.

Los violentos son los enemigos de la Democracia, por ello la tolerancia del demócrata a la violencia es cero.

Bajo la tiranía, los demócratas deben enfrentar al tirano.

Toda Democracia debe poseer sistemas que protejan a los ciudadanos contra la violencia.

La existencia de violencia en la sociedad es un claro síntoma de ausencia de Democracia.

La violencia física no es la única violencia que debe ser erradicada, sino también la verbal. Las amenazas y la intimidación son formas de violencia.

Las redes sociales facilitan el anonimato, lo que genera espacios de impunidad.

La Democracia debe impedir el acoso a ciudadanos utilizando el anonimato.

En Democracia las personas son responsables de sus actos.

Impunidad

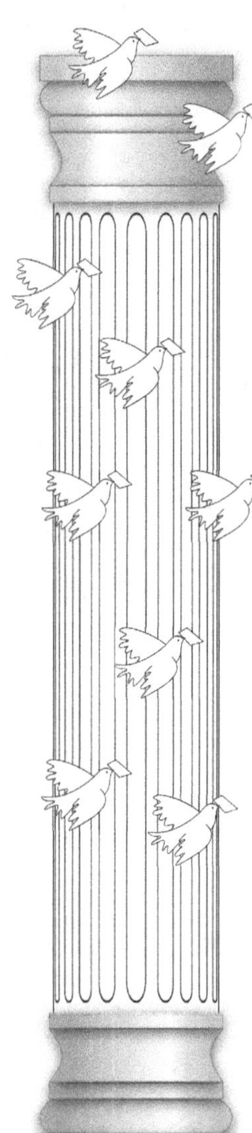

Dejar espacios de impunidad es abrir camino a los delincuentes.

Determinados sistemas tienen agujeros en los que la comisión del delito no tiene consecuencias.

Desde reyes declarados irresponsables (sin responsabilidad ante la ley), hasta políticos aforados, que tienen el privilegio de ser juzgados por tribunales especiales (elegidos por políticos), menores (a meses de cumplir 18 años) que son declarados inimputables (no se les puede imputar un delito penal), incluso políticos que reciben indultos tras su condena por corrupción.

Todas estas formas son aberraciones que crean bolsas de impunidad, y fomentan la delincuencia, que no ve castigo por los actos, o ve que el castigo se puede evitar.

En Democracia las personas deben responder por sus actos, y deben hacerlo sin privilegios, en las mismas condiciones que los demás.

El desarrollo de la impunidad en la sociedad está promovida por políticos interesados en destruir la Democracia.

Intolerancia a la Violencia

El demócrata es completamente intolerante con la violencia.

Se ha hablado mucho de la tolerancia del demócrata. Pero no es cierto que los demócratas sean tolerantes sin más. De hecho, la intolerancia del demócrata es absoluta ante la violencia, ante los ataques a los derechos humanos, ante las fake news o mentiras, la manipulación, el adoctrinamiento, las conductas antisociales, con los que no respetan a los demás, con la corrupción, con la delincuencia, con el racismo, con quienes desprecian al diferente, con los que quieren destruir la Democracia, con los totalitarios, con quienes quieren imponer su verdad sin respetar la opinión de los demás, con quienes no dudan en hacer daño a otros para conseguir sus objetivos, ...

Hay una larga lista de temas que ante los que un demócrata es altamente intolerante.

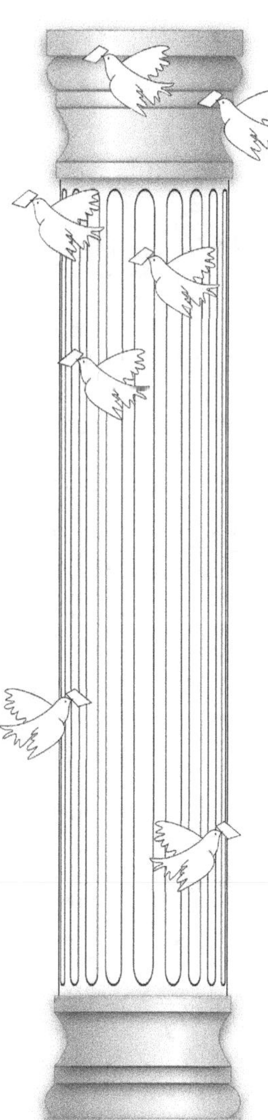

La Violencia nunca es justificable

La violencia no tiene distinciones. Tampoco tiene justificación.

Pero muchos tratan de justificar la violencia como la defensa de una causa que consideran justa.

Desde oponerse a la injusticia, oponerse al aborto, oponerse al uso de animales, nacionalismo, religión, ... hay mil causas justas que sirven de excusa para realizar acciones violentas.

En una sociedad democrática, **la defensa de una causa nunca justifica la violencia.**

En Democracia, quienes usan la violencia para enfrentarse a otros con un fin que consideran justo, son criminales totalitarios. Ya que la Democracia dispone de los mecanismos para que cualquier idea pueda ser expresada, y nada impide sumar voluntades a la causa propia.

En Democracia, la mejor forma de defender una causa justa es explicar, y ganar adeptos para conseguir una mayoría.

Con Violencia no hay Democracia

La violencia es la destructora de la convivencia y de la sociedad.

Las personas libres se unen en sociedades para convivir en ausencia de violencia, con seguridad, sin miedo.

La primera función de cualquier gobierno democrático es proporcionar seguridad a todos los integrantes de la sociedad.

La Democracia es una forma de organizarse basada en el respeto. No existe tal respeto cuando aparece la violencia. Por ello, tampoco existe Democracia en una sociedad con violencia.

La violencia es el uso de la fuerza física, verbal, gestual o mental para conseguir dominio sobre otra persona.

El dominio es la anulación de la voluntad, y ello implica la anulación de la libertad. En una sociedad de hombres libres, quien ejerce violencia atenta contra el fundamento de la sociedad.

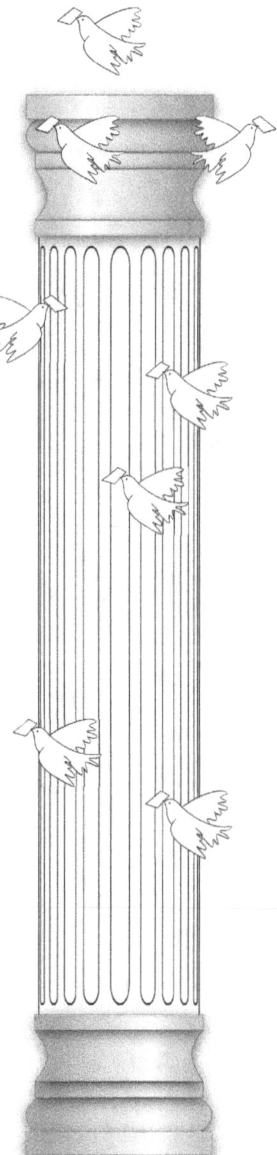

Grados de Violencia

Podemos medir el grado de Democracia de una sociedad por su grado de violencia. Cuando la violencia se ejerce desde el Estado el sistema es una tiranía.

En las partidocracias la violencia no la ejerce el Estado directamente, pero la tolera en diversas formas. Esa tolerancia es inadmisible en Democracia.

La violencia proveniente de la delincuencia existe en todos los sistemas. Pero en Democracia se buscan soluciones para eliminar las causas. Pobreza, injusticia, marginación, radicalidad, conducta antisocial, ausencia de educación en el respeto, ausencia de valores. No se trata de resocializar a nadie, en Democracia no se intenta construir un modelo de sociedad, sino que la sociedad elimina aquellas partes que no desea. Y lo hace solucionando los problemas con diálogo y respeto.

Impunidad es corrupción

No existe libertad sin responsabilidad.

La naturaleza de una sociedad democrática es alcanzar las cuotas mas altas de libertad para cada una de las personas que componen la sociedad.

Pretender ser libres para actuar pero sin responder por los actos conduce a la destrucción de la convivencia en una sociedad libre, ya que quienes viven en la impunidad no son las personas libres, sino los delincuentes.

Por supuesto, el resto de la sociedad vive sometida a quienes actúan con impunidad. Es la estrategia de los violentos, corromper el sistema para obtener la impunidad de sus actos. El sistema se corrompe cuando no puede garantizar las mas altas cuotas de libertad de sus ciudadanos. Partidocracias y tiranías son sistemas corruptos.

Cuando no existe la Democracia aparecen las bolsas de impunidad, que son de mayor dimensión cuanto más cerca está esa sociedad de la tiranía.

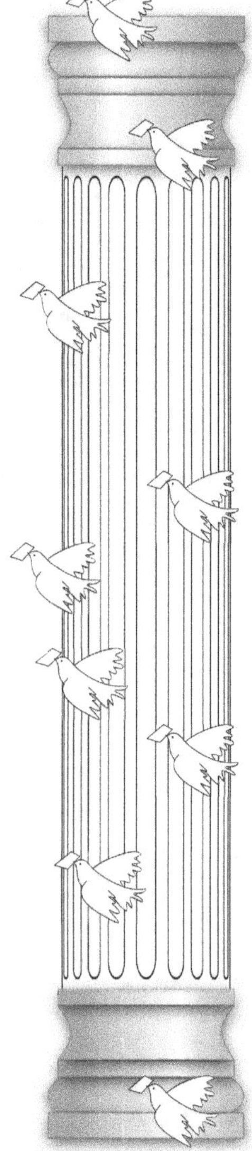

Violencia contra Grupos

La Democracia es un sistema de personas libres. Los grupos son creaciones de la partidocracia, que los necesita para captar seguidores manipulando sus emociones.

Cualquier sistema que sitúe a un grupo como objetivo de violencia (expresión máxima de la intolerancia) no es una Democracia.

La historia de las naciones está plagada de persecuciones y aplicación de la violencia contra determinados grupos. Pero incluso a escalas menores podemos ver aparecer este tipo de violencia.

Los violentos buscan grupos objetivos a los que deshumanizar y utilizar como justificación de sus actos violentos. Pero no existe justificación para la violencia.

Las personas libres son responsables de sus actos. No se puede asignar responsabilidad a un grupo por los actos de personas determinadas. Dentro del grupo, cada cual es responsable por los propios actos, y en el grado correspondiente a su acción.

Enfrentando a la Sociedad

Divide y vencerás. Esta frase define la estrategia seguida en los sistemas no democráticos.

Dividir a la sociedad en grupos es la forma de debilitar la sociedad y controlarla.

Una sociedad libre trabaja para obtener los beneficios de la cooperación.

Por supuesto, una sociedad democrática no es una sociedad uniforme, ni mucho menos, pero no está enfrentada.

Y el enfrentamiento no existe porque dispone de los mecanismos para llegar a acuerdos basados en la colaboración y el respeto.

Estos mecanismos no existen fuera de la Democracia, o son altamente deficitarios, por lo que no existen las vías de diálogo.

Para enfrentar es necesario romper primero la comunicación, y eso lo consiguen manipulando las emociones hasta que dejan de escuchar a los que no opinan igual.

Violencia y Miedo

La violencia y el miedo son las armas de los totalitarios. El fin perseguido es someter la voluntad de la sociedad a los deseos del tirano y del grupo que le da soporte.

La existencia de violencia y miedo organizada por el Estado califica a cualquier gobierno como tiranía.

Al infundir temor entre la población, coloca a los tiranos al nivel de los terroristas.

La colaboración de las Democracias con las tiranías en materia policial es imposible, dado que sería tanto como colaborar con terroristas.

Pero esta colaboración se da en nuestras sociedades. Esto no se debe a que la Democracia sea tolerante con las tiranías. Se debe a que no vivimos en Democracias, sino en partidocracias, o sea sistemas donde los partidos políticos tienen el poder. Las partidocracias son tolerantes con las dictaduras. Avanzar hacia la Democracia implica eliminar la violencia y el miedo.

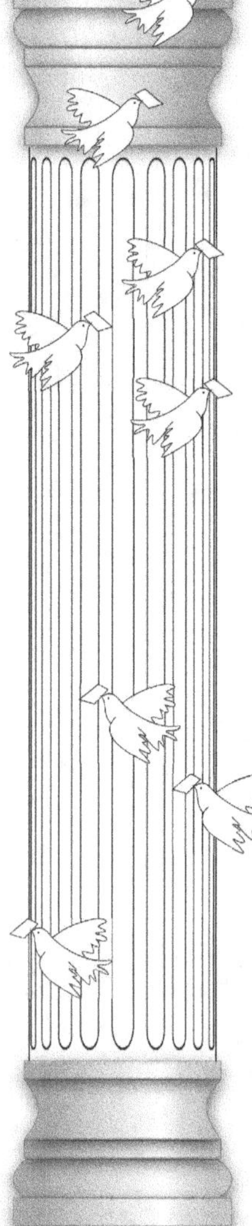

Destrucción de la Democracia

La Democracia se destruye con la concentración del poder, con la corrupción y muy especialmente con la violencia.

La violencia del Estado contra la sociedad no aparece de repente, es fruto de un proceso de concentración de poder y corrupción.

Salvo en naciones muy descompuestas, la tiranía llega despacio y se levanta con aplausos. El líder que concentra el poder y mueve masas lleva a la sociedad a la violencia y la esclavitud. Aupado por la ignorancia, divide a la sociedad en grupos y elige a los que criminalizará y deshumanizará, para volcar sobre ellos la ira y la violencia.

Excusas no faltarán: defenderse de golpes de estado, conspiraciones, grupos que definen como corruptos... pero siempre se trata de eliminar a la oposición, volcando sobre ellos odio, represión, violencia y miedo.

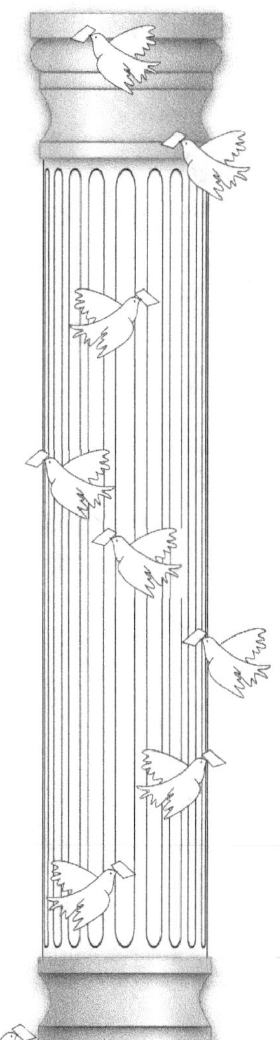

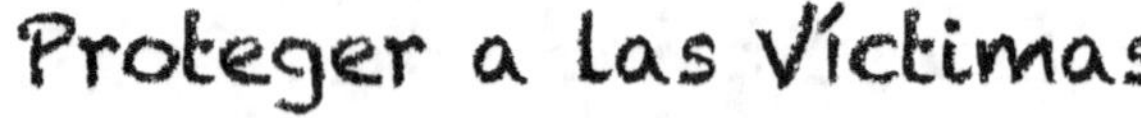

Proteger a las Víctimas

Una sociedad democrática debe proteger a las víctimas.

Aquellos que han sufrido la agresión e injusticias de otros no deben quedar abandonados por la sociedad, ya que el principal deber de todo gobierno democrático es defender a sus ciudadanos.

Las víctimas son la manifestación de un daño a la sociedad democrática, y por ello, ese daño debe ser reparado.

Esta reparación debe contemplar varios aspectos, empezando por el reconocimiento de la condición de víctima. Los delincuentes causantes del daño deben ser sancionados. Cuando no existe justicia la víctima no es reconocida, ni su daño. La sanción del agresor es necesaria.

La sociedad debe al mismo tiempo valorar el daño, y trabajar en su reparación en la medida de lo posible.

La protección de las víctimas fortalece la Democracia.

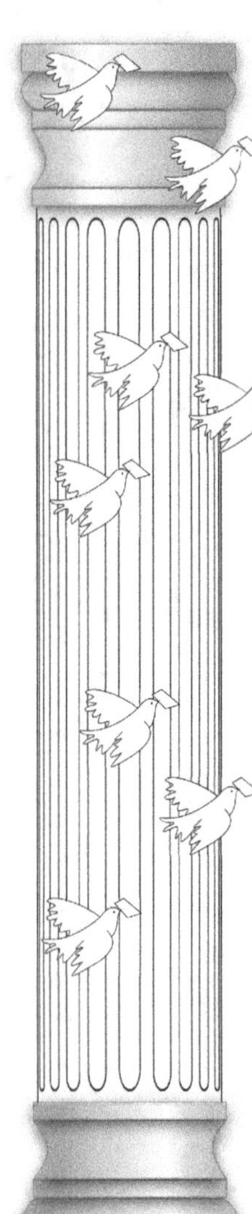

Responsabilidad

No puede existir libertad sin responsabilidad. Y aunque parezca una contradicción, o una limitación de la libertad, lo cierto es que la responsabilidad es la que permite la existencia de la libertad.

Porque solo puede existir libertad en sociedad. Y una sociedad solo puede ser libre si cada persona es responsable de sus actos.

El respeto, esencial para la sociedad de humanos libres, requiere que el sistema de gobierno permita que aquellos que no respeten a los demás puedan ser sancionados.

La sanción es un acto que fuerza a recuperar el respeto entre los ciudadanos. Es necesaria para recuperar la normalidad democrática, que se ve afectada y dañada con cada violación del respeto. La existencia de personas que viven con privilegios que protegen sus actos de sanción, es un indicador de ausencia de Democracia.

CAPÍTULO

XII

CAPÍTULO XII
TIRANÍAS

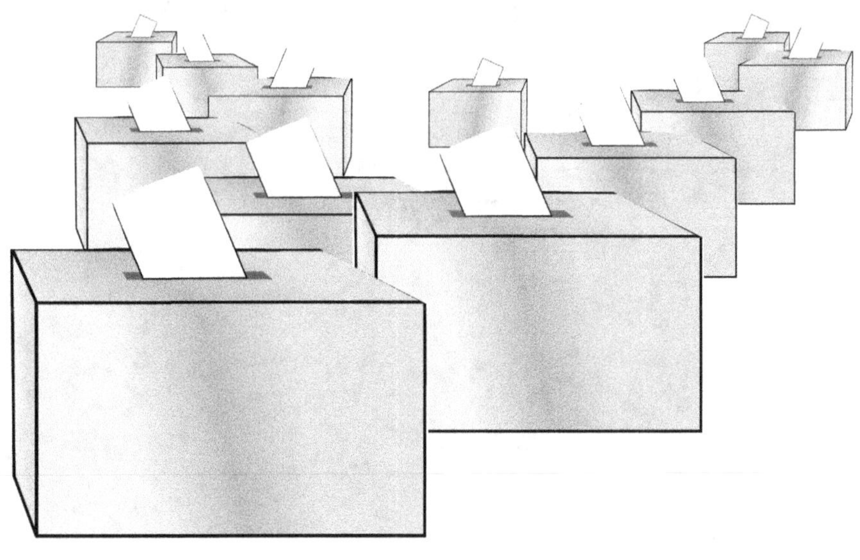

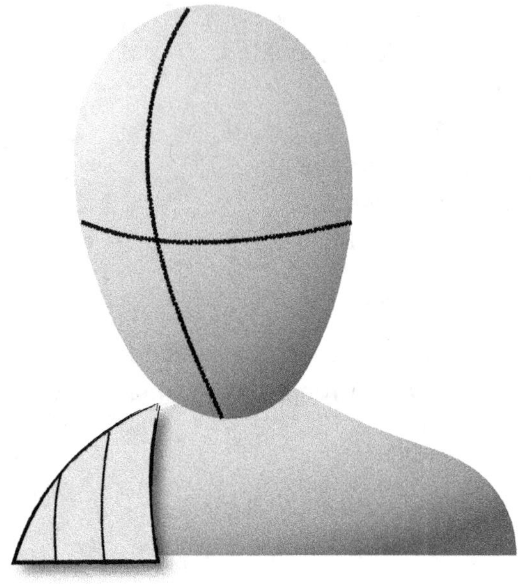

TIRANÍAS

Asuntos Internos

Limitar las libertades en una nación no es un asunto interno, es un crimen contra la humanidad.

Los derechos humanos no son competencia de las naciones.

Todas las leyes y gobernantes están sometidos al respeto a la libertad de los ciudadanos. Ninguna ley que limite la libertad es legítima, y los ciudadanos tienen el derecho de rebelarse contra el gobierno déspota.

Muchas tiranías alegan asuntos internos cuando pisan las libertades de sus ciudadanos. Pero las Democracias no deben aceptar ese argumento falso, y deben aplicar sanciones en consecuencia.

La libertad no es un asunto interno de ninguna nación. La humanidad comparte el valor de la libertad, como un aspecto esencial del ser humano.

Los ataques a la libertad son un crimen. Y si los realiza un gobierno son crímenes de Estado.

Atacar la libertad es un crimen contra la humanidad.

Crímenes contra la Humanidad

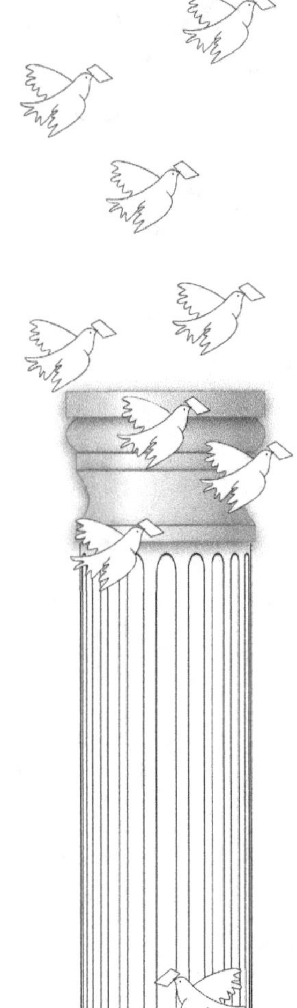

Los Juicios de Nuremberg (1945-1946) marcan un punto de inflexión en la defensa judicial de los derechos humanos. Porque se condena por delitos que, al considerarse contra la humanidad, exceden el ámbito del Estado.

El Estatuto de Roma de 1998 es el instrumento constitutivo de la Corte Penal Internacional, y en él se tipifican los delitos que se consideran crímenes de lesa humanidad.

Esta tipificación recoge los tipos mas graves, pero no es completa, ya que todos los delitos contra la libertad del ser humano son crímenes contra la humanidad.

La sola existencia de una dictadura convierte a sus dirigentes en criminales contra la humanidad.

El siglo XX dio los primeros pasos, el XXI debe asentar el fin de la impunidad de los dictadores.

Represión

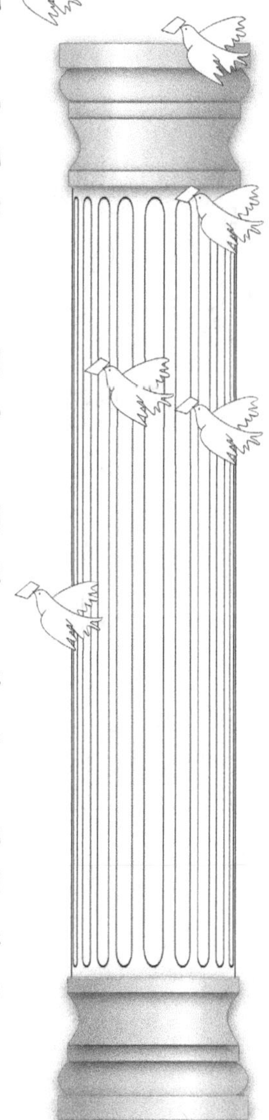

Los crímenes contra la humanidad nunca son asuntos internos de una nación.

La represión consiste en la acción emprendida por el Estado para impedir un comportamiento en la población.

Se aplica sobre quienes disienten o defienden la libertad y la Democracia en naciones sometidas por gobiernos totalitarios.

La represión busca imponer el sometimiento, la anulación de la voluntad y la aceptación sin resistencia del poder gobernante.

No existe libertad cuando una sociedad es reprimida. Los represores de la libertad son criminales.

El daño del acto de represión trasciende las fronteras de la nación represora. Afecta a toda la humanidad.

Las naciones libres no pueden mirar a otro lado ante los actos de represión, ni dar soporte alguno a los gobiernos que someten a sus poblaciones, porque eso significa renunciar a la libertad.

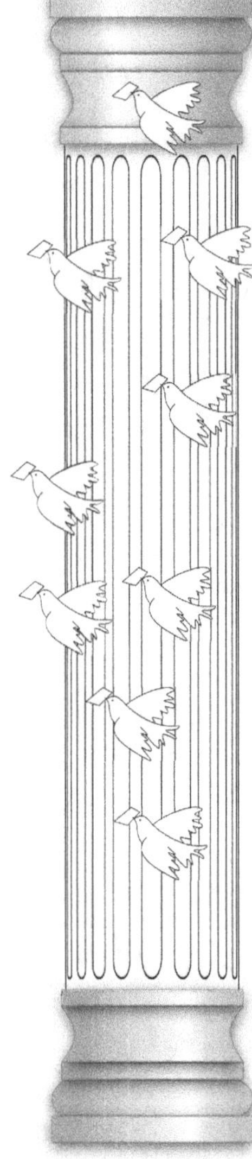

Compromiso Moral

La Democracia implica un compromiso moral y legal con los derechos humanos.

Esto significa que la Libertad es un derecho fundamental de todos los seres humanos y que al mismo tiempo es un valor de toda la humanidad. El ámbito de las naciones es superado por los derechos humanos. No importa si son reconocidos por una nación concreta, o si no lo son.

TODAS las naciones y TODOS los gobernantes están obligados al respeto a la libertad de los seres humanos.

Esta superioridad del derecho a la ser libres obliga a las Democracias a asumir el compromiso de su defensa más allá de sus propias fronteras. Esto no implica declarar la guerra a las naciones que no respeten la libertad de sus ciudadanos, pero implica retirar todo apoyo a sus gobiernos, denunciar sus delitos y amparar a la oposición demócrata. Este compromiso moral con la libertad obliga a las Democracias a dedicar esfuerzos a su divulgación y defensa. Y prestar apoyo a los demócratas oprimidos.

El Silencio no es una opción

La ascensión de China a sido acompañada por un manto de silencio sobre las violaciones de los derechos humanos cometidas por la dictadura del partido comunista chino.

Los gobiernos que no denuncian los crímenes contra los derechos humanos no son Democracias. Intereses comerciales están prevaleciendo sobre el pilar fundamental de toda Democracia que es la defensa de la libertad y el respeto a los derechos fundamentales de todas las personas. Guardar silencio sobre las atrocidades que se comenten por tiranías tan importantes como China no ayudan a nadie.

La colaboración comercial con tiranías solo refuerza el poder de los tiranos y prolonga la sufrimiento de los pueblos sometidos a la arbitrariedad de los dictadores.

El silencio de los demócratas hace mas fuertes a los tiranos.

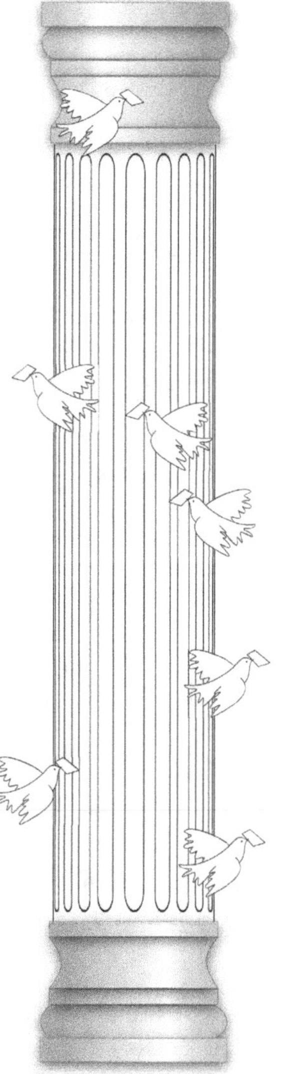

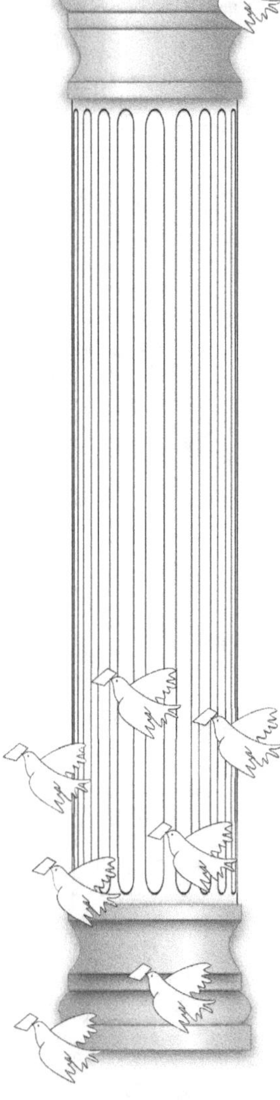

Actuación Consecuente

Las Democracias no deben negociar con tiranos.

Del mismo modo que ningún gobierno debe aceptar el chantaje de los delincuentes, las tiranías son regímenes de delincuentes, y las Democracias deben aislarlos. No es posible el comercio con tiranías, ni mantener relaciones hasta que se conviertan en Democracias. En un mundo rendido a la ideología de la globalización, hablar de eliminar relaciones comerciales suena a proteccionismo. Pero nada esta mas lejos de la realidad. Las relaciones comerciales enriquecen a los tiranos y fortalecen las tiranías. Las inversiones realizadas en estos países sirven para consolidar modelos de gobierno que someten a sus ciudadanos y desprecian los derechos humanos. El comercio enriquece, y enriquecer tiranos es un grave error. Les proporciona los recursos para disponer de unas fuerzas armadas fuertes, y la historia nos enseña que al final, siempre las usan.

Listado de la Libertad

Necesitamos una lista de países demócratas y de países sometidos a tiranos. Es el listado de la libertad.

El comercio mundial debe ser selectivo para las Democracias. Debemos vetar el acceso a nuestros mercados a todos los tiranos. En Democracia, solo el comercio con otras Democracias es aceptable.

Sin duda, dado el innegable peso económico de China, muchos se oponen.

En el S.XXI, las nuevas tecnologías permiten el tratamiento y control de la información con una eficacia nunca conocida en la historia de la humanidad. Esta información es utilizada por los tiranos para someter a sus poblaciones. Utilizar sistemas diseñados por tiranos implica exponer a las poblaciones de demócratas bajo las armas de los tiranos. Es proporcionar toda la información de nuestras sociedades para que los tiranos puedan utilizarla contra las naciones libres. El veto tecnológico es esencial para la supervivencia de las Democracias. Necesitamos un listado de la Libertad.

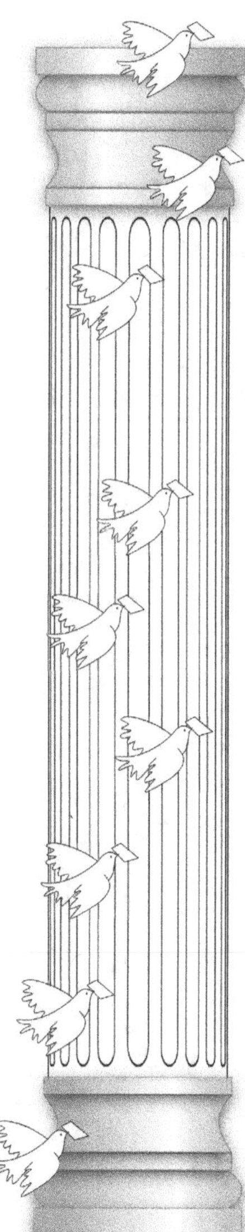

Expansión Activa

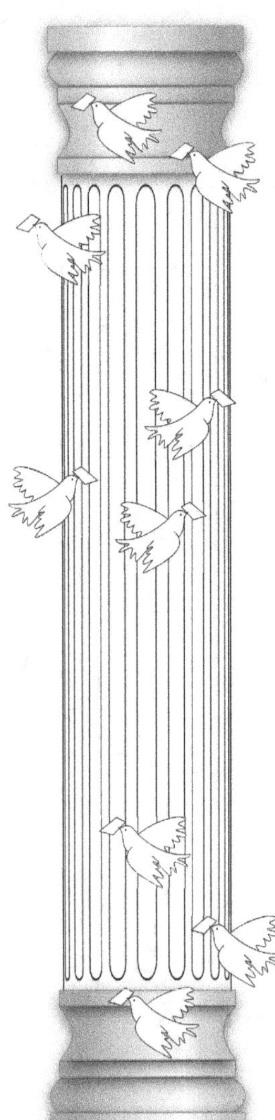

Las Democracias deben respaldar su expansión frente a las tiranías. En el mundo hay unas 200 naciones, y la mayor parte son tiranías. La libertad solo podrá sobrevivir si se expande. Las Democracias deben adoptar una política de expansión activa. La expansión activa debe contemplar sanciones para las tiranías e incentivos para las Democracias más frágiles. La prohibición de comerciar con tiranías tiene sin duda el rechazo de los mercantilistas, pero la libertad no se puede vender por dinero. Es un mal negocio para todos, menos para una selecta élite de aristócratas modernos.

Sucumbir al dictado de los mercados, olvidando que los mercados no pueden enfrentarse a la libertad, es una renuncia que solo puede tener una consecuencia, la pérdida de la libertad. Las Democracias no pueden renunciar a la defensa de los derechos humanos, a la expansión de la libertad, y al enfrentamiento frente a los tiranos. Otra postura no es de hombres libres, sino de hombres corruptos.

¿Naciones Unidas?

Mientras queden tiranías no pueden existir las naciones unidas, entendidas como esa asociación planetaria donde las naciones se expresan como si fuesen iguales, <u>votando siguiendo métodos democráticos</u>.

La ONU tiene, en 2019, en su Consejo de Derechos Humanos a países como China o Arabia Saudí, que son dos naciones sometidas a gobiernos criminales (como muchas otras) que no respetan los derechos humanos, los violan constantemente, y someten a sus poblaciones a una brutal represión.

En 2020: Venezuela, Sudán, Somalia,...

Las Democracias deben crear las Democracias Unidas, una verdadera organización de naciones libres comprometidas con el desarrollo de la libertad en el planeta.

Las tiranías no deben disponer de foros que laven su imagen ante el mundo. No son naciones iguales, son regímenes criminales, y deben ser señalados como lo que son, sin regalarles espacios que no merecen.

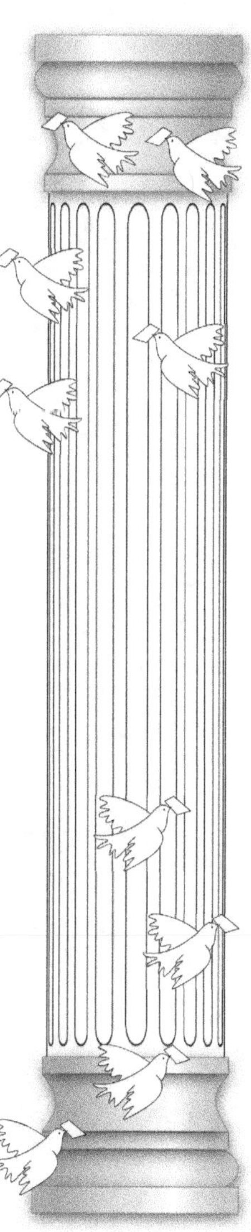

Hay demasiados tiranos en este mundo

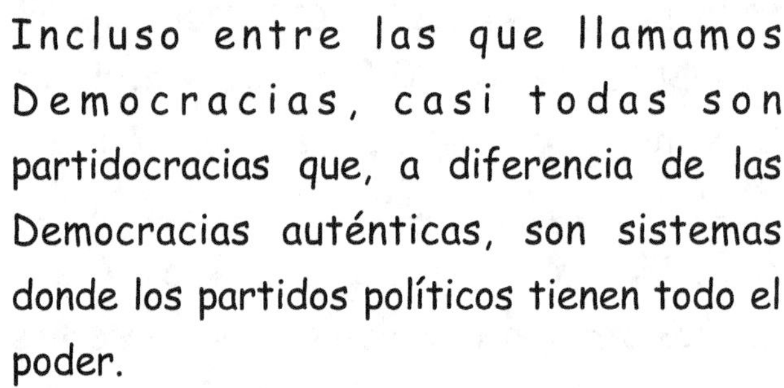

Solo un puñado de naciones son Democracias en este planeta. La mayoría son tiranías.

Incluso entre las que llamamos Democracias, casi todas son partidocracias que, a diferencia de las Democracias auténticas, son sistemas donde los partidos políticos tienen todo el poder.

Una absurda idea de igualdad entre naciones lava la imagen de los tiranos.

En los países presuntamente democráticos no es extraño oír alabanzas a dictadores.

Pero lo cierto es que la Democracia está retrocediendo en el mundo.

La libertad y la justicia social no están avanzando, todo lo contrario, las sociedades occidentales, que antes defendieron la libertad y los derechos humanos, están cayendo bajo sistemas corruptos, extremos y populistas, donde se desprecia la esencia de la convivencia democrática: el respeto.

El nacimiento de la Tiranía irresistible

China ha iniciado la carrera para la construcción de la tiranía irresistible.

La finalidad es controlar los actos de todos sus ciudadanos y aplastar cualquier intento de rebelión.

La tiranía irresistible es un espacio orwelliano donde los ciudadanos son escrutados hasta el el mas pequeño de sus gestos.

Orwell no conocía los ordenadores, por ello no pudo definir con toda claridad el funcionamiento en su obra 1984. Pero China, uniendo cámaras, supercomputación, internet controlada, telefonía, computación cuántica e inteligencia artificial, está dando los pasos para la construcción del Gran Hermano.

Un superordenador que controlará los millones de habitantes de China, y en el futuro ... del planeta.

Todas las tiranías han sido vencibles a lo largo de la historia, pero cuando China termine su obra, ninguna rebelión popular podrá acabar con el Gran Tirano chino.

Harán cierta la frase de los Borg:

> -la resistencia es fútil.

CAPÍTULO

XIII

CAPÍTULO XIII
LA DEMOCRACIA ES DE TODOS

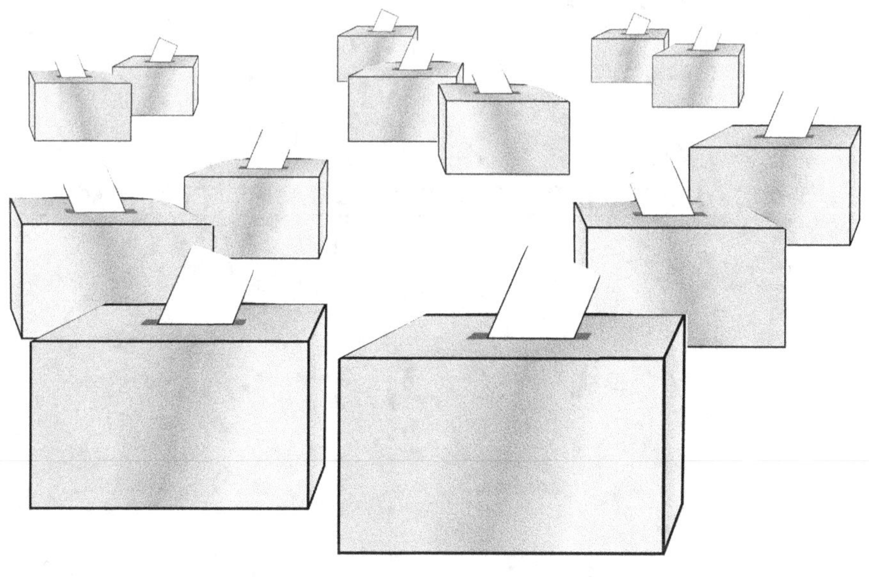

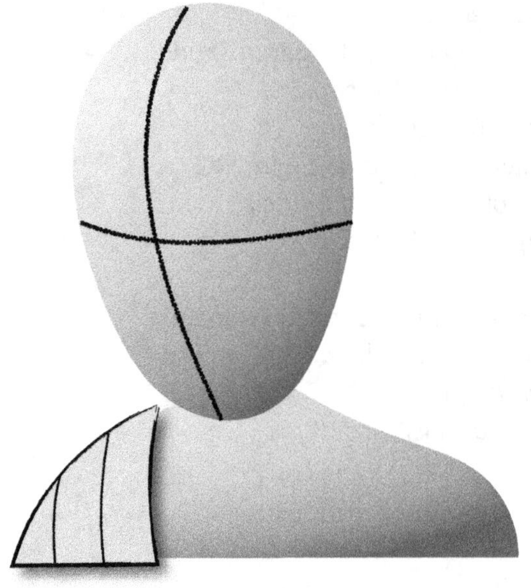

LA DEMOCRACIA ES DE TODOS

La Casa Democracia

La Casa Democracia admite muchos diseños. Lo esencial de la Democracia es el **respeto** y la **libertad**. Y la clave de la construcción de un sistema democrático radica en el correcto entendimiento de ambos conceptos, que carecen de ambigüedad, aunque muchos intenten difuminar su significado.

La Casa Democracia es un espacio de libertad, de respeto y de diálogo.

La violencia está erradicada, no es tolerada. La justicia social es consecuencia de vivir en el respeto.

Existen sistemas claros y transparentes de toma de decisiones. Y la sociedad acepta el imperio de la ley como sistema organizador.

Dispone de un sistema de justicia independiente y transparente que asegura el cumplimiento de la ley.

En la Casa Democracia la libertad está asociada a responsabilidad.

Los hombres son libres y responsables. Sin discriminación ni privilegios.

La Democracia no está garantizada

Nada garantiza el mantenimiento de la Democracia. Conseguir la Democracia no implica que ésta se mantendrá indefinidamente en el tiempo. La Democracia necesita ser mantenida cada día. Por ello debe tener sistemas que aseguren su correcto funcionamiento.

Debe estar dotada de sistemas de mantenimiento que detecten el gran mal de todo sistema de organización humana, la corrupción. Un sistema de mantenimiento adecuado debe mantener limpia a la Democracia de la corrupción de sus sistemas. No podemos garantizar la supervivencia de la Democracia, pero podemos diseñar sistemas que la mantengan limpia de corrupción. Mientras los sistemas de mantenimiento funcionen la sociedad conservará la Democracia. La educación será el medio para que la memoria colectiva no olvide la importancia de vivir en libertad. La educación en el respeto es la mejor garantía.

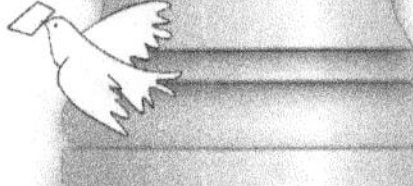

Patrimonio de la Humanidad

La Democracia es un Patrimonio de toda la Humanidad. De hecho es EL PATRIMONIO de la Humanidad. Porque nada define mas a un ser humano que su libertad. Y del mismo modo que la libertad no es patrimonio de ninguna nación o gobierno, tampoco lo es la Democracia.

Todos los gobiernos están obligados a implantar sistemas democráticos. Los que no lo hacen, y someten a sus habitantes a la tiranía, son GOBIERNOS CRIMINALES. Sus miembros están cometiendo crímenes contra la Humanidad, y deben ser identificados y juzgados.

Es posible que no siempre puedan ser castigados, porque no se puede declarar una guerra para detener a un criminal. Pero deben ser parias en la sociedad de naciones democráticas. Hay que señalar y apartar a quienes atentan con el derecho de una sociedad a ser libre.

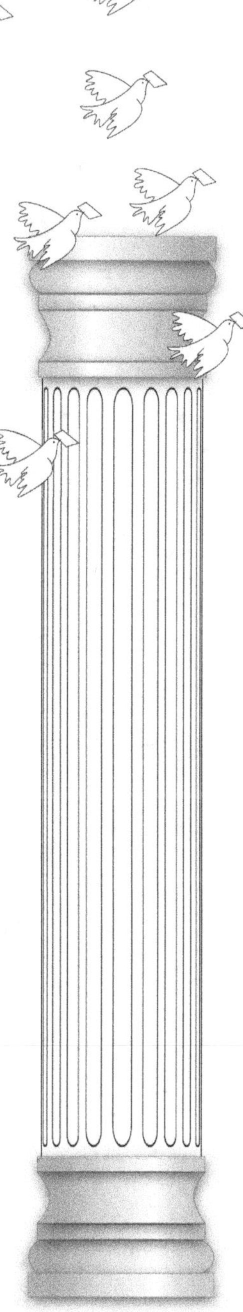

Ciencia y Democracia

Necesitamos avanzar en el conocimiento científico de la Democracia.

Una Democracia es un sistema de organización complejo. Garantizar el máximo grado de libertad requiere un diseño adecuado del sistema.

Necesitamos a nuestros científicos para que nos ayuden a encontrar las reglas que rigen los espacios de libertad y los de convivencia. Debemos saber detectar donde surgen los problemas, qué corrompe a la red de toma de decisiones y aprender a diseñar los sistemas de mantenimiento que nos ayuden a evitar el deterioro, a parametrizar y medir adecuadamente el nivel de libertad, así como sistemas de corrección y ajuste.

No podemos dejar esta labor en manos de charlatanes que, con sus modelos ideológicos, venden la cura milagrosa para todas las enfermedades.

La búsqueda del conocimiento científico es el camino correcto para poder construir un buen diseño.

Un Humanismo para el Siglo XXI

La Humanidad tiene una forma de gobierno que garantiza la libertad para todos los seres humanos, es la Democracia.

En esta etapa de la historia vivimos en un mundo dividido en naciones. No siempre fue así. Y no será así en el futuro. Aunque ese futuro sin naciones no parece muy cercano. Las naciones no pueden vivir al margen del respeto a los derechos de los humanos. El Humanismo está por encima de cualquier nacionalismo. El Humanismo es la cultura del respeto. Debemos construir un nuevo Humanismo para el S.XXI donde la libertad ocupe el lugar que le corresponde.

Las ideologías están muertas, aunque hay quienes pretenden mantenerlas con respiración asistida. Es cuestión de tiempo que los charlatanes den paso a los científicos, y la ideología a la ciencia. Vamos a necesitar un nuevo Humanismo. Es hora de construirlo.

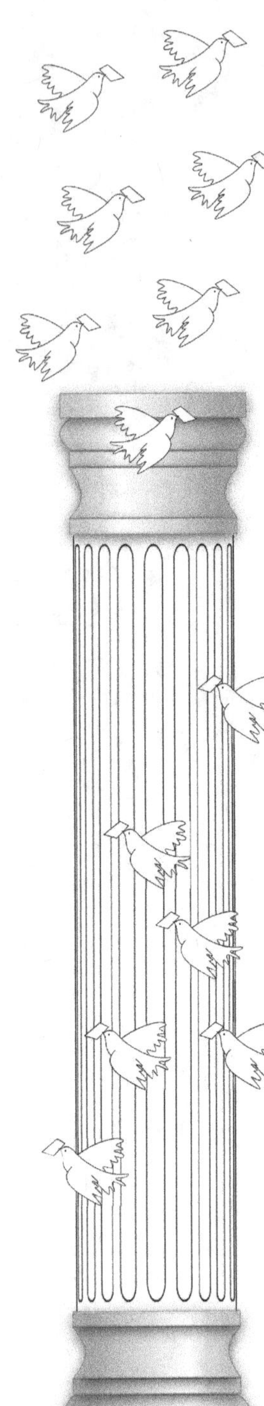

Menos Política y más Ciencia

Hemos invertido muchos recursos en desarrollar tecnología y un método científico eficaz. Pero las ciencias humanas no han recibido ese nivel de inversión, y siguen estancadas en un estado casi medieval, sin alcanzar el status de verdadera ciencia, ya que sus métodos distan mucho de la investigación científica.

Por ello, las decisiones para la organización de nuestra sociedad no están en manos de científicos y especialistas, sino en manos de políticos y demagogos que toman decisiones basadas en ideología, ego, ignorancia e intereses.

Invertir en ciencias humanas nos proporcionaría los elementos para diseñar mejores sistemas de decisión.

Los problemas en sistemas complejos no se arreglan con soluciones simples. Soluciones complejas necesitan expertos en sistemas complejos.

La ciencia es la aliada de la Democracia.

Democracia es Evolución

La sociedad no es estática. Está sometida a cambios para adaptarse al entorno. Al mismo tiempo que modifica ese entorno.

Una sociedad dinámica y en constante cambio necesita un sistema que pueda evolucionar para adaptarse a las necesidades de dicha sociedad en cada momento.

Por ello no existe un sistema democrático, sino muchos sistemas que son democráticos cuando cumplen la condición fundamental: deben proporcionar el máximo grado de libertad a todos y cada uno de sus miembros.

Cualquier diseño de Democracia estará sometido a las fuerzas del cambio. La evolución de la sociedad, la evolución de los problemas, y el deterioro por corrupción.

Por todo ello, la Democracia debe evolucionar constantemente, para adaptarse al nuevo entorno, y mantener la libertad de todas las personas.

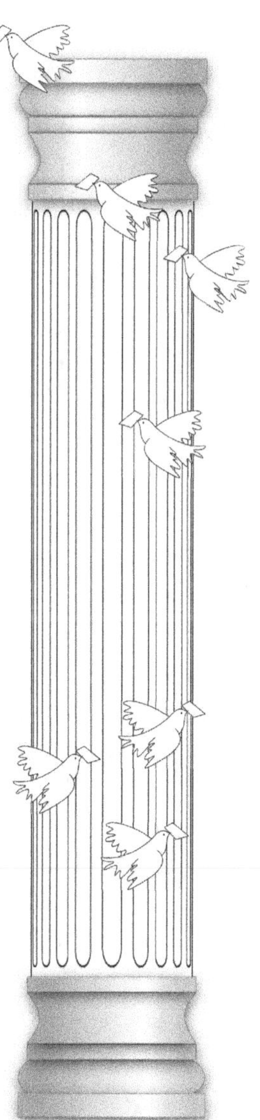

Unión

Las Democracias del mundo se deben unir. El movimiento democrático carece de connotaciones nacionales e ideológicas. Es un movimiento global que aspira a que todas las personas del planeta puedan vivir en libertad. Por ello es necesaria la unión de las Democracias.

Otro tipo de uniones, con países totalitarios, son uniones asimétricas, donde una parte no respeta la esencia de la cooperación.

Solo entre las Democracias es posible el respeto y la cooperación.

Mientras exista un tirano en el mundo, las Democracias están en riesgo, porque la tiranía solo puede sobrevivir apoyándose en otros tiranos.

Las tiranías más poderosas harán todo lo posible para exportar tiranía. Porque saben que el mayor peligro en el que viven es que en sus poblaciones prenda la llama de la libertad. Y esa llama solo se mantiene viva en Democracia.

Imaginando la Democracia Avanzada

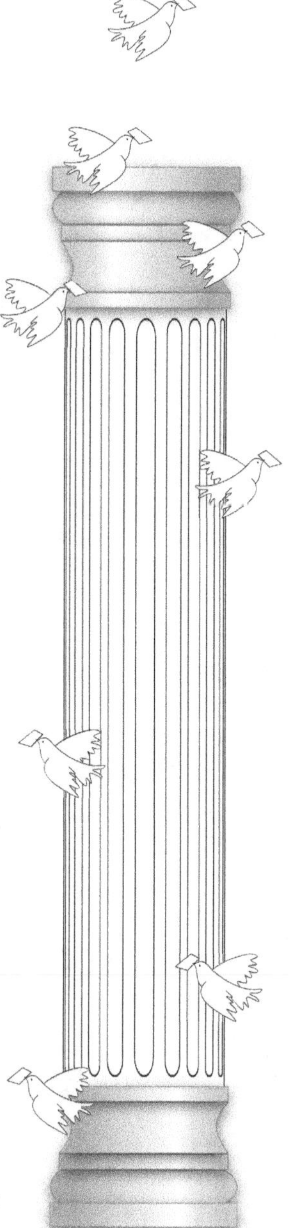

Si tuviéramos que definir la Democracia mas avanzada, no sería complicado. Diríamos que Democracia más avanzada es el sistema por el que se organiza una sociedad en el que ninguno de sus miembros tiene poder sobre la voluntad de los demás, al tiempo que todos influyen en las decisiones del resto. Una Democracia avanzada es una orquesta, donde cada uno es virtuoso en su instrumento, pero la música toma sentido en conjunto.

Es sencillo de decir, pero, ¿puedes imaginar un grupo de personas colaborando para conseguir objetivos sin que nadie dirija a todo el grupo?

Nuestros genes nos impulsan a seguir al líder. Y nuestros genes son muy poderosos. Un sistema donde ninguno de sus miembros domina la voluntad de otros plantea muchas cuestiones. ¿Quién decide lo que hay que hacer? ¿Cómo se transmiten las ordenes?

El secreto está en la organización en redes, donde una normas definen el mecanismo de toma de decisiones.

No decide un líder, sino el grupo, siguiendo el procedimiento fijado mediante normas. ¿Sencillo?... No, no lo es.

Copiando la naturaleza

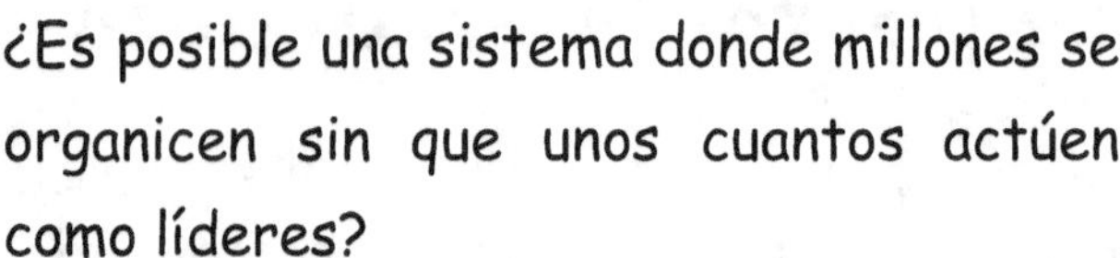

¿Es posible una sistema donde millones se organicen sin que unos cuantos actúen como líderes?

Para contestar a esta pregunta te invito a que observes como funciona la sociedad más evolucionada del planeta: un cerebro.

El cerebro es una comunidad de células (neuronas y otras células de soporte) que cooperan para desarrollar la función mas compleja que realiza un ser vivo: Generar pensamiento y consciencia. Y lo hace sin una neurona líder. Toda nuestra tecnología, solo ahora, está empezando a acercarse al desarrollo de pensamiento en máquinas, algo normal en un cerebro.

La organización de un cerebro es lo más parecido a una Democracia avanzada. Ninguna célula es el líder, la comunicación y cooperación bajo unas reglas de especialización son suficientes para que todo funcione.

Si queremos una Democracia avanzada, copiemos la naturaleza.

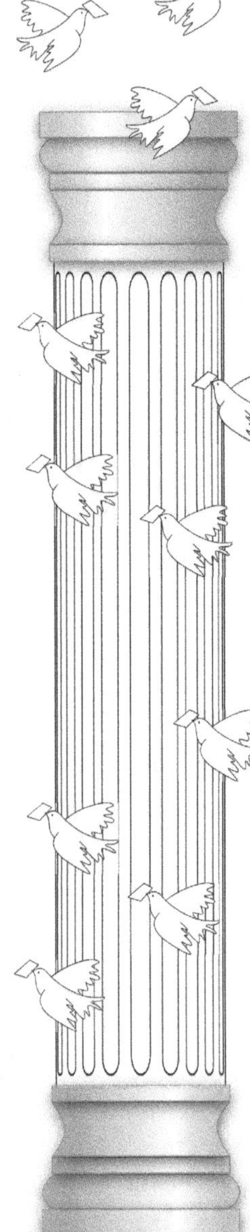

Es el momento

A pesar de que la evolución tecnológica hace que nos sintamos como semidioses, lo cierto es que hace muy poco que abandonamos las cuevas. Vivimos dominados por nuestros genes. Nuestro comportamiento como especie dista mucho de ser civilizado, la violencia está presente en todas nuestras sociedades, incluso en las más avanzadas. Somos muy primitivos.

Construir un Democracia es complejo. Requiere una tecnología avanzada que permita un funcionamiento eficiente mediante redes (hoy, por primera vez en la historia, disponemos de esa tecnología). Necesita un grado de educación avanzado (un pequeño porcentaje de población lo ha adquirido). Necesita una cultura del respeto (muy pocos la tienen).

No será fácil, nos va a costar, pero tenemos el reto de construir una verdadera Democracia Avanzada y acercar la Humanidad hacia un mundo en libertad.

El futuro de la Democracia

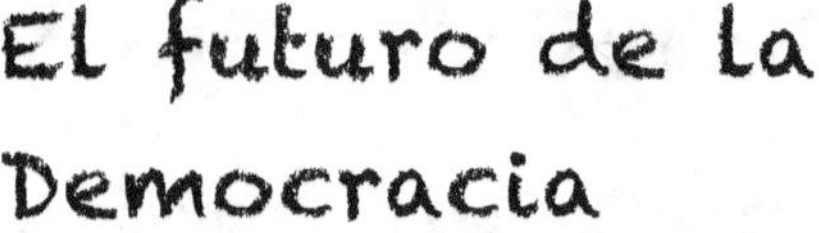

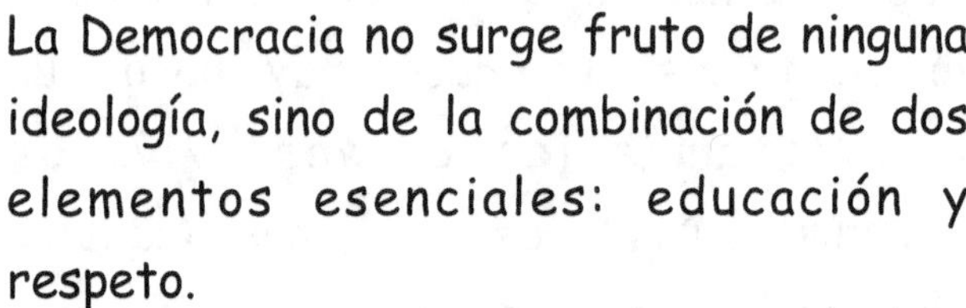

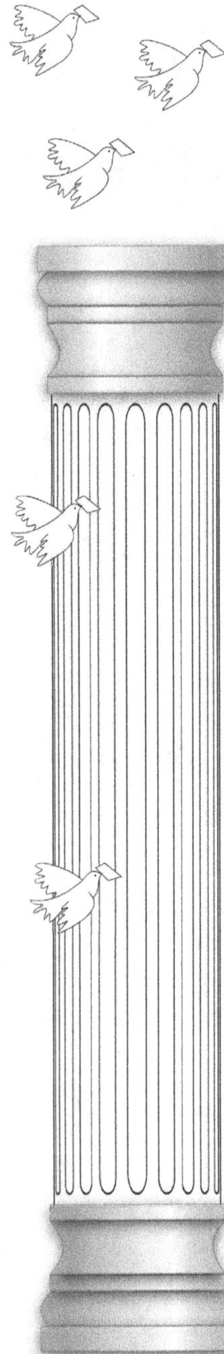

La Democracia no surge fruto de ninguna ideología, sino de la combinación de dos elementos esenciales: educación y respeto.

No podemos mejorar como demócratas, ni podemos mejorar nuestros sistemas, sino mejoramos antes como personas.

El futuro de la Democracia es un mundo en libertad, donde las personas colaboran y toman decisiones libremente, utilizando complejas redes de información, basándose en unas reglas que han sido aceptadas por la sociedad y especializándose y evolucionando según las necesidades y retos a los que se enfrente la sociedad.

El futuro de la Democracia es proporcionar a la humanidad la gran herramienta para que podamos dar lo mejor de cada uno como persona.

El futuro de la Democracia es el triunfo de la razón y la ciencia, y el fin de la manipulación y de las ideologías.

INDEX

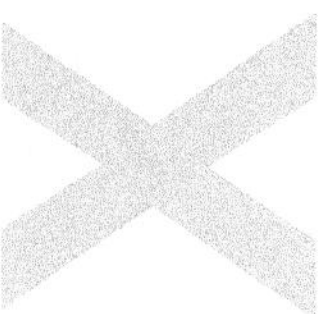

Descubriendo la Democracia

CAPÍTULO V
LOS PARTIDOS POLÍTICOS

CAPÍTULO VI
EL ESTADO DE DERECHO

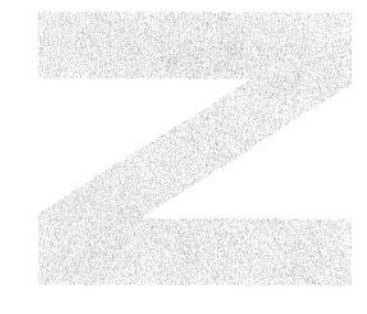

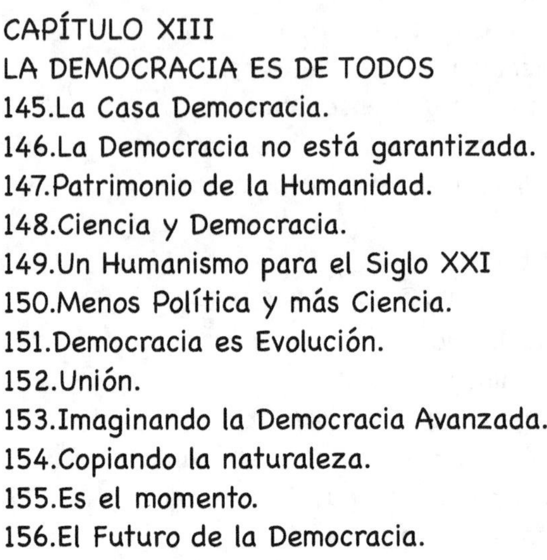

2020

2016
PROYECTO DEMOCRATAS
TONI MIRANDA

REFLEXIONES SOBRE LA
DEMOCRACIA Y LA
SITUACION POLITICA
EN LA ESPAÑA DE 2016